U0505202

中国自由贸易试验区协同创新中心

自贸区研究系列

秦冠英　著

基于自由贸易协定的
教育服务贸易发展研究

格致出版社　　上海人民出版社

前　言

　　2007 年 10 月,党的十七大报告提出要"拓展对外开放广度和深度,提高开放型经济水平"并"实施自由贸易区战略"。2020 年 10 月,第十九届中央委员会第五次全体会议通过的《中共中央关于制定国民经济和社会发展第十四个五年规划和二〇三五年远景目标的建议》提出,要实施自由贸易区提升战略,构建面向全球的高标准自由贸易区网络。2022 年 10 月,党的二十大报告提出,要推进高水平对外开放,"实施自由贸易试验区提升战略,扩大面向全球的高标准自由贸易区网络"。从根本上讲,中国建构的自由贸易区提升战略和自由贸易试验区提升战略,就是不断对接国际高标准自由贸易协定,以高质量推进开放型经济的发展,促进高水平对外开放。

　　在高水平对外开放过程中,教育服务作为国际服务贸易的一种重要类型,在当前主要的全球和区域贸易协定中都占有一席之地。因此,不论是在自由贸易试验区范畴还是在自由贸易区范畴,教育服务贸易的发展都必须以高标准的自由贸易协定为基本参照。与此同时,国际教育服务贸易除了匹配国际服务贸易的一般性特征,还具有突出的正外部性。一是教育服务的发展能够直接创造收益,丰富和活跃市场业态,优化智力和人力资源配置,满足社会对高质量、多样化、个性化的受教育需求。二是基于人才培养与发展的职能,教育服务能够持续为相关行业的发展贡献智力资源和其他高质量生产要素,从而服务、支撑和引领其他行业的高质量发展。三是教育服务能够将各行业的有益探索反馈到人才培养与发展上,推进人力资本持续再生产,厚实整个社会和国家的高质量人力资源储备,从而形成多行业联动发展、协同推进和良性互动的优质生态。

　　因此,对教育服务贸易的研究必须秉承开放融合与多学科的视角。一方面,"跳出经济看经济",更加关注经济社会发展中教育所具有的特殊性,关注教育作为国家政治、经济和社会生活重要组成部分所肩负的使命,关注教育政治性、公益性与经济性的交互作用,等等。另一方面,"跳出教育看教育",更加关注教育作为一种国际服务贸易类型所具有的特殊性,关注教育在国际经贸协定和区域贸易协定等国际规则中的规定,关注将教育作为一种经贸活动进行研究时的学术性和规范性,等等。

笔者已在2022年出版的《基于自由贸易试验区的教育服务贸易发展策略研究》一书中,就自由贸易试验区建设背景下,中国应当如何审视、规划和推进教育服务贸易的发展进行了详细论述。在此基础上,本书聚焦自由贸易区提升战略背景下教育服务贸易的发展议题,具体涵盖国际服务贸易视阈下的教育服务,中国的国际教育服务贸易的宏观与微观政策框架,自由贸易协定下的教育服务贸易,已签署的自由贸易协定中教育服务的开放方式、开放承诺内容与开放承诺特点,自由贸易协定谈判进程中的教育服务贸易,《区域全面经济伙伴关系协定》(即 RCEP 协定)中的教育服务贸易,自由贸易区与商业存在教育服务、境外消费教育服务、跨境支付教育服务,以及自由贸易区提升战略下发展教育服务贸易的有效路径,等等。希望能够通过这两本学术专著的出版,助力中国的跨境教育服务贸易的高质量发展。

目　录

第1章
自由贸易区建设

根据中华人民共和国商务部和海关总署发布的《关于规范"自由贸易区"表述的函》的表述,"自由贸易区"(free trade area,FTA),是指两个以上的主权国家或单独关税区通过签署协定,在世界贸易组织(WTO)最惠国待遇基础上,相互进一步开放市场,分阶段取消绝大部分货物的关税和非关税壁垒,改善服务和投资的市场准入条件,从而形成的实现贸易和投资自由化的特定区域。"自由贸易区"所涵盖的范围是签署自由贸易协定的所有成员的全部关税领土,而非其中的某一部分。①本书对自由贸易区的界定以此概念为准。

与自由贸易区密切相关的一个概念是自由贸易协定(free trade agreement),自由贸易协定通常指两个或两个以上的经济体,为了通过撤销关税和非关税壁垒来实现相互之间的贸易自由化而签署的协定。在一定意义上可以说,以自由贸易协定为基础的自由贸易安排就是自由贸易区。②

自由贸易区的涵盖领域,传统意义上包括货物贸易、原产地规则、争端解决机制等。随着世界区域经济一体化的快速发展,自由贸易区的内涵和外延在不断加深,除上述内容外,自由贸易区还包括服务贸易、贸易投资便利化、投资自由化、技术性贸易壁垒、卫生和植物卫生措施、贸易救济、透明度、知识产权、竞争政策、政府采购、环境标准、劳工标准等内容。自由贸易区是WTO的一种例外(即WTO plus),

---

① http://www.mofcom.gov.cn/aarticle/b/e/200805/20080505531434.html.
② 李荣林等:《APEC内部FTA的发展及其对APEC的影响》,天津大学出版社2011年版,第2页。

WTO 允许自由贸易区成员相互给予更优惠的待遇,而不必给予其他成员。它既是一种超越 WTO 的深入开放形式,又是对 WTO 自由贸易体制的一种补充;它既遵循多边贸易体制的基本原则,又在协定伙伴经济体之间提供更加自由的经贸空间,从而实现互利。

另一个关键的概念是区域贸易协定(regional trade agreements, RTA)。RTA 是两个或两个以上缔约方之间的互惠优惠贸易协定。WTO 规定,其成员可以在符合三套规则的情况下签订 RTA。这些规则涵盖关税同盟(customer union)和自由贸易区的组建和运作,涵盖货物贸易、发展中国家成员之间货物贸易的区域或全球安排以及服务贸易协定。截至 2016 年 6 月,所有 WTO 成员都有有效的 RTA。截至 2023 年 8 月 1 日,WTO 规制下生效的 RTA 数量为 360 个。[①]非歧视(non-discrimination)是 WTO 的核心原则。总体而言,该原则是指其成员承诺不会偏袒任意一个贸易伙伴,此规则的一个例外就是 RTA。这些协议本质上是歧视性的,因为只有签署方才能享受更优惠的市场准入条件。WTO 成员承认 RTA 的合法作用,RTA 旨在促进各方之间的贸易,但不会对第三方设置贸易壁垒。

1.1 从“复关”“入世”到自由贸易区提升战略

1.1.1 从“复关”“入世”到开启自由贸易区建设

经济全球化和区域一体化是相互伴随、相互作用的,经济全球化能够推进区域一体化进程,区域一体化是经济全球化的必经过程和重要体现,并能够促进全球化的发展。与此同时,区域一体化在一定程度上会对全球化有所束缚。区域一体化和全球化的发展动力也有一定不同,全球化多为跨国公司驱动,是生产要素的全球配置与重组,在这一过程中市场力量的作用更为显著,它是功能性一体化的进程。相比之下,区域一体化多为政府推动,主要通过消除贸易壁垒形成地区经济合作组织,是制度型一体化的进程。

---

① https://www.wto.org/english/tratop_e/region_e/region_e.htm#rules_ita.

中国的自由贸易区战略与经济全球化和区域一体化的关系非常密切。中国率先推进融入全球化的进程,即所谓的"复关"(恢复关贸总协定的缔约国地位)和"入世"(加入 WTO),在此过程中逐步推进区域一体化,并最终实现全球化与区域一体化的同步进行。

改革开放之后,中国深刻认识到世界经济的发展大势,开始着力融入世界经济的发展浪潮,积极参与全球分工与合作。在当时,中国的政策核心在于努力加入国际经济组织,希望早日实现恢复关贸总协定的缔约国地位,以及加入 WTO 等目标。从 1986 年起,中国为恢复关贸总协定的缔约国地位、加入 WTO 进行了长达 15 年的艰苦谈判。2001 年 9 月 13 日,中国完成了对话提出谈判所要求的 36 个 WTO 成员的双边市场准入谈判;9 月 17 日,WTO 中国工作组第十八次会议通过了中国加入 WTO 的所有法律文件和中国工作组报告书;11 月 10 日,WTO 第四届部长级会议审议并通过了中国加入 WTO 的决定;12 月 11 日,中国正式成为 WTO 第 143 个成员。

进入 21 世纪以后,世界掀起了签订自由贸易协定的热潮,一大批自由贸易区相继诞生。在这样的背景下,中国开始逐步认识到自由贸易区建设的重要性。中国与东盟的接触始于 1991 年 7 月,外交部长钱其琛出席了第 24 届东盟外长会议开幕式。2000 年,国家总理朱镕基在新加坡举行的中国与东盟领导人会议上,提出了在 WTO 承诺基础上建立更加互惠的中国-东盟自由贸易区的倡议。2001 年 5 月,中国正式成为《亚洲及太平洋经济和社会委员会发展中成员国关于贸易谈判的第一协定》(简称《曼谷协定》)的成员,这标志着中国开始实质性的自由贸易区建设。①2001 年中国提出详实议案,并与东盟达成共识,宣布 10 年内建成自由贸易区;次年,也就是 2002 年,《中国与东盟全面经济合作框架协议》自由贸易区建设正式启动。此后,中国与东盟相继签署《东南亚友好合作条约》《货物贸易协议》《争端解决机制协议》和《中国-东盟自由贸易区投资协议》,2010 年 1 月 1 日,发展中国家间最大的自由贸易区——中国-东盟自由贸易区——正式建立。

在此之后,中国进入了签署自由贸易协定的一个小高潮。2005 年 11 月,中国

---

① 刘斌、甄洋、屠新泉:《逆全球化背景下中国 FTA 发展新趋势与战略选择》,《国际贸易》2018 年第 11 期。

与智利签署了货物贸易协议,该协议于 2006 年 10 月生效,这是中国与拉美国家签署的第一个自由贸易协定。2006 年 11 月,中国与巴基斯坦签署自由贸易协定,该协定于 2007 年 1 月生效,内容主要涉及货物贸易,决定分两个阶段对所有产品进行降税。这时期中国的自由贸易协定伙伴主要是中国的周边国家和地区,且合作内容以货物贸易为主。

在从侧重全球化到推进区域一体化的过程中,社会调查和科学研究发挥了重要作用。国务院于 1991 年 9 月成立了国民经济和社会发展总体研究协调小组,该小组于当年即确定了 13 个重大研究课题,并以国务院综合部门为主要课题承接单位,开展调查研究工作。根据该小组的安排,当时的对外贸易经济合作部承担了"世界经济区域集团化趋势、影响及对策"课题,并组建了相应的课题组。课题组经过研究发现,在 20 世纪 80 年代中期后,世界经济区域集团化趋势日益明显,发展速度非常快;区域一体化的趋势是世界局势缓和以及冷战结束后经济矛盾突出和竞争加剧的表现,是生产力发展的客观要求,也是全球经济一体化的必然阶段;同时,区域一体化的主要途径,是逐步取消区内关税和非关税壁垒,促进区域自由化,之后向关税同盟、共同市场等更高阶段发展,即构建自由贸易区。[1]

1.1.2　自由贸易区加速建设

2007 年 10 月,党的十七大报告提出,要"拓展对外开放广度和深度,提高开放型经济水平",要求"实施自由贸易区战略","扩大开放领域,优化开放结构,提高开放质量,完善内外联动、互利共赢、安全高效的开放型经济体系,形成经济全球化条件下参与国际经济合作和竞争新优势"。建设自由贸易区正式成为一项国家战略。

2008 年 4 月,中国与新西兰签署自由贸易协定,这是中国与发达国家签署的第一个自由贸易协定,也是第一个一揽子自由贸易协定。同年 10 月,中国与新加坡签署自由贸易协定。2009 年 4 月,中国与秘鲁签署自由贸易协定,于 2010 年 3 月生效。2010 年 4 月,中国与哥斯达黎加签署自由贸易协定,这是中国与中美洲地区的国家签署的第一个一揽子自由贸易协定。

---

[1]　陈文敬:《我国自由贸易区战略及未来发展探析》,《理论前沿》2008 年第 17 期。

2012 年党的十八大提出"统筹双边、多边、区域次区域开放合作,加快实施自由贸易区战略,推动同周边国家互联互通"。2013 年党的十八届三中全会通过《中共中央关于全面深化改革若干重大问题的决定》,明确提出要"坚持双边、多边、区域次区域开放合作,扩大同各国各地区利益汇合点,以周边为基础加快实施自由贸易区战略",要"加快环境保护、投资保护、政府采购、电子商务等新议题谈判,形成面向全球的高标准自由贸易区网络"。这是首次在论述自由贸易区建设时,提出"高标准"以及构建网络的明确要求。2013 年 4 月,中国与冰岛签署自由贸易协定,这是与欧洲国家签署的第一个自由贸易协定。2013 年 7 月,中国与瑞士签署自由贸易协定,此份协定内容更加全面、自由化水平更高。这时期中国选择的自由贸易伙伴范围从周边国家辐射到了大洋洲、拉丁美洲、欧洲等地区的国家,并且合作内容不仅限于货物贸易和服务贸易,还包括投资自由化、知识产权等方面。

2014 年 12 月 5 日,中共中央政治局就加快自由贸易区建设进行第十九次集体学习。习近平总书记在讲话中提出:"加快实施自由贸易区战略,是我国积极参与国际经贸规则制定、争取全球经济治理制度性权力的重要平台,我们不能当旁观者、跟随者,而是要做参与者、引领者,善于通过自由贸易区建设增强我国国际竞争力,在国际规则制定中发出更多中国声音、注入更多中国元素,维护和拓展我国发展利益。"①习近平总书记还指出:"加快实施自由贸易区战略是一项复杂的系统工程。要加强顶层设计、谋划大棋局,既要谋子更要谋势,逐步构筑起立足周边、辐射'一带一路'、面向全球的自由贸易区网络,积极同'一带一路'沿线国家和地区商建自由贸易区,使我国与沿线国家合作更加紧密、往来更加便利、利益更加融合。"②

2015 年 6 月,中国与韩国签署自由贸易协定,这是东北亚地区的第一个自由贸易协定,并且双方承诺未来采用准入前国民待遇和负面清单方式开展服务贸易和投资谈判,并设立电子商务章节。2015 年 6 月,中国与澳大利亚签署自由贸易协定。在服务领域,澳大利亚承诺自协定生效时对中方以负面清单方式开放服务部门,成为世界上首个对中国以负面清单方式作出服务贸易承诺的国家。中国则以正面清单方式向澳大利亚开放服务部门。澳大利亚在假日工作机制等方面对中国作出专门安排,协议中还包括"中医走出去"的内容。双方同意在中澳自由贸易

①② https://www.gov.cn/xinwen/2014-12/06/content_2787582.htm.

协定实施后,在双方未来商定的时间以负面清单方式开展服务贸易谈判,从而推动实现更高水平的相互开放。这两个协定是中国与经济规模较大的发达国家签署的自由贸易协定,是全面的、高水平自由贸易协定。

2015年12月17日,国务院出台《关于加快实施自由贸易区战略的若干意见》(以下简称《意见》),对加快建设高水平自由贸易区提出"提高货物贸易开放水平""扩大服务业对外开放""放宽投资准入""推进规则谈判""提升贸易便利化水平""推进规制合作""推动自然人移动便利化""加强经济技术合作"八个方面的要求和措施。在该意见出台之时,中国已经与22个国家和地区签署了14个自由贸易协定,其中已实施12个自由贸易协定,正在推进的自由贸易区谈判包括《区域全面经济伙伴关系协定》(即RCEP协定)、中国-海湾合作委员会自由贸易区、中国-挪威自由贸易区、中日韩自由贸易区、中国-斯里兰卡自由贸易区和中国-马尔代夫自由贸易区等谈判。此外,当时还在推进中国-新加坡自由贸易区升级谈判、中国-巴基斯坦自由贸易区第二阶段谈判和《海峡两岸经济合作框架协议》后续谈判。①

《意见》出台后,一些地方政府也出台了相应的政策。例如,天津市出台了《关于加快落实国家自由贸易区战略的实施意见》,山西省出台了《山西省商务厅关于加快实施自由贸易区战略实施方案的通知》,河北省出台了《河北省人民政府关于主动融入国家自由贸易区战略进一步提高开放水平的意见》②,等等。地方呼应和落实《意见》的举措可以分为三种主要类型。一是创新经贸发展模式,如建设高水平自由贸易试验区、发展新型贸易等。二是融入国家自由贸易区战略,服务国家自由贸易区经济外交战略。三是推进与自由贸易区国家的互联互通。

2019年10月31日,党的第十九届中央委员会第四次全体会议通过了《中共中央关于坚持和完善中国特色社会主义制度 推进国家治理体系和治理能力现代化若干重大问题的决定》,该决定在论述"合作共赢的开放体系建设"时提出,要坚持互利共赢的开放战略,推动共建"一带一路"高质量发展,维护完善多边贸易体制,推动贸易和投资自由化便利化,推动构建面向全球的高标准自由贸易区

---

① http://fta.mofcom.gov.cn/article//zhengwugk/201512/29895_1.html.
② http://www.hebei.gov.cn/hbszfxxgk/6806024/6807473/6807180/6812527/6812592/6815492/index.html.

网络。①

2022 年 1 月 1 日,RCEP 协定生效实施,全球最大自由贸易区正式启航,现有 15 个成员国,包括中国、日本、韩国、澳大利亚、新西兰以及东盟 10 国。RCEP 体系 的人口数量、经济体量、贸易总额三方面指标,均分别占全球总量的约 30%。作为 一个现代、全面、高质量、互惠的大型区域自由贸易协定,RCEP 协定涵盖货物贸 易、服务贸易、投资、知识产权、电子商务等众多领域。

2022 年 4 月 7 日,《中华人民共和国政府和新西兰政府关于升级〈中华人民共 和国政府和新西兰政府自由贸易协定〉的议定书》正式生效。《中国-新西兰自由贸 易协定》于 2008 年 4 月 7 日签署,并于同年 10 月 1 日实施。中新双方于 2016 年 11 月启动自由贸易协定升级谈判,并于 2021 年 1 月 26 日签署《升级议定书》。《升 级议定书》进一步扩大货物、服务、投资等领域市场开放,进一步提升贸易便利化等 规则水平,还新增电子商务、竞争政策、政府采购、环境与贸易等四个章节,更加符 合现代经济与贸易发展的需要。

2022 年 8 月 19 日,中国加入《数字经济伙伴关系协定》(DEPA)工作组已正式 成立,全面推进中国加入 DEPA 的谈判。DEPA 是全球首份数字经济区域协定, 涵盖商业和贸易便利化、数据问题、新兴趋势和技术、创新与数字经济、中小企业合 作等 16 个模块,对国际数字经济活动和交流提出了比较全面的规则安排。中国已 于 2021 年 11 月正式申请加入 DEPA,在正式工作组成立前,中国已经与 DEPA 成 员开展多轮对话。

2022 年 12 月,中共中央、国务院印发《扩大内需战略规划纲要(2022—2035 年)》,该纲要从扩大内需的角度论述自贸区建设。纲要明确指出,要"稳步推进多 双边贸易合作,实施自由贸易区提升战略,做好 RCEP 协定生效后实施工作,推动 商签更多高标准自由贸易协定和区域贸易协定"。

2023 年 5 月 11 日,《中华人民共和国政府和厄瓜多尔共和国政府自由贸易协 定》正式签署。厄瓜多尔自此成为中国第 27 个自由贸易伙伴,也是继智利、秘鲁、 哥斯达黎加之后中国在拉美地区的第 4 个自由贸易伙伴。中厄自由贸易协定是中 国对外签署的第 20 个自由贸易协定。中厄自由贸易协定包括序言和 17 个章节,

---

① https://www.12371.cn/2019/11/05/ARTI1572948516253457.shtml.

在货物贸易关税减让方面,双方在高水平基础上达成了互利共赢的结果;在经济合作领域,双方同意在农业、渔业和水产养殖、中小企业、出口促进、旅游、科技与创新、教育、文化、传统医学、环境等领域鼓励政府主管部门、产业界和相关机构开展合作。

2023 年 3 月 26 日,中国同洪都拉斯建交。2023 年 7 月 4 日,中国与洪都拉斯两国政府共同宣布正式启动中国-洪都拉斯自由贸易协定谈判。同年 7 月 7 日,中国-洪都拉斯自由贸易协定第一轮谈判在洪首都特古西加尔巴举行。启动中洪自由贸易协定谈判,有利于深化两国经贸领域务实合作,为进一步提升双边贸易质量和水平、加强各领域投资和合作提供助力。

2023 年 8 月 31 日,中国同尼加拉瓜正式签署《中华人民共和国政府和尼加拉瓜共和国政府自由贸易协定》。中尼自由贸易协定是中国对外签署的第 21 个自由贸易协定,尼加拉瓜是中国第 28 个自由贸易伙伴,也是继智利、秘鲁、哥斯达黎加、厄瓜多尔之后中国在拉美地区的第 5 个自由贸易伙伴。中尼自由贸易协定创造了多个"首次"。例如,中方首次签署以负面清单方式开放跨境服务贸易(含金融服务)和投资的自由贸易协定;双方就商务人员往来达成较高水平安排,首次就商务人员的父母随行居留相互作出承诺;协定首次纳入数字经济章节;双方在技术性贸易壁垒章节合作条款中纳入计量标准领域合作,这在中国与拉美国家自由贸易协定中尚属首次。

2023 年 10 月 17 日,中塞两国政府签署《中华人民共和国政府和塞尔维亚共和国政府自由贸易协定》。这不仅是中塞全面战略伙伴关系下合作的最新进展,也是中国与中东欧国家签署的第一个自由贸易协定,还是中国签署的第 22 个自由贸易协定。据相关报道,中塞自由贸易协定在互利共赢基础上实现了高水平货物贸易自由化。双方将分别对 90% 的税目相互取消关税,这些税目将覆盖 95% 左右的双边贸易额。[①]

根据相关报道,2023 年 9 月 29 日,中国-海湾合作委员会自由贸易协定第十轮谈判部级首席谈判代表会议通过视频方式举行。双方就货物贸易、服务贸易、投

---

① http://fta.mofcom.gov.cn/article/fzdongtai/202310/54725_1.html.

资、原产地规则、海关程序与贸易便利化等议题展开深入讨论,并取得积极进展。①
同年 10 月 22 日,中国-海湾合作委员会"6＋1"经贸部长会在广州举行。中方表示
愿同海湾合作委员会成员国尽早达成中海自由贸易协定,深化"油气＋"合作模式。
在此次会议上,各方高度评价首届中海峰会经贸举措落实取得的积极进展,一致表
示将进一步加强共建"一带一路"倡议同海湾合作委员会各成员国发展战略对接,
深化贸易投资、数字经济、可持续发展、基础设施等领域交流合作,不断培育中海经
贸合作的新增长点。②

1.1.3　自由贸易区提升战略的提出

2020 年 10 月 29 日,第十九届中央委员会第五次全体会议通过《中共中央关
于制定国民经济和社会发展第十四个五年规划和二○三五年远景目标的建议》,首
次提出要"实施自由贸易区提升战略,构建面向全球的高标准自由贸易区网络"。③
2021 年 3 月 12 日,《中华人民共和国国民经济和社会发展第十四个五年规划和
2035 年远景目标纲要》颁布,纲要在第四十二章"积极参与全球治理体系改革和建
设"中提出,要实施自由贸易区提升战略,构建面向全球的高标准自由贸易区网络。

2021 年 3 月 25 日,在国务院新闻办公室举行的政策例行吹风会上,商务部表
示,"十四五"期间将从"扩围""提质"和"增效"三个方面实施自由贸易区提升战
略。④"扩围",是指将自由贸易伙伴的范围进一步增加。在 RCEP 协定早日生效的
基础之上,还将进一步加快推进中日韩自由贸易协定的谈判,推动与海湾合作委员
会、挪威、以色列等自由贸易协定谈判的进程;积极考虑加入《全面与进步跨太平洋
伙伴关系协定》(CPTPP),并愿意与更多有意愿的国家探讨建立自由贸易区,以此
扩大自由贸易协定的朋友圈,与自由贸易伙伴共同推进贸易投资的自由化、便利
化,为全球的经济复苏作出贡献。"提质",是指自由贸易协定或者自由贸易区的贸
易投资自由化水平要进一步提高,包括在规则领域内的承诺进一步提高。通过加

---

① http://fta.mofcom.gov.cn/article/chinahaihehui/haihehuinews/202209/49887_1.html.

② http://fta.mofcom.gov.cn/article/fzdongtai/202310/54742_1.html.

③ https://www.12371.cn/2020/11/03/ARTI1604398127413120.shtml.

④ http://www.gov.cn/xinwen/2021zccfh/8/index.htm.

大同其他高水平的自由贸易协定交流互鉴,探索开放水平和规则的承诺,既能够符合中国发展的需要和贸易伙伴的发展需要,也能够与高水平的国际经贸规则相对接。"增效",是指把自由贸易协定的实施效果进一步增强。一是进一步增加自由贸易协定覆盖贸易总额的比例,二是把自由贸易协定的政策用好,鼓励和引导更多的企业参与自由贸易协定,利用自由贸易协定,用好自由贸易协定,提高自由贸易协定的利用率并提升自由贸易协定的效果。

2021 年 12 月 30 日,国务院颁布《国务院办公厅关于促进内外贸一体化发展的意见》,提出要从加强规则对接的角度,强化国内市场规则与国际通行贸易规则对接,实行更高标准规则,更好联通国内国际市场,推进自由贸易区提升战略。

2022 年 1 月 1 日,目前全球最大的自由贸易协定 RCEP 协定对已核准的 10 个国家正式生效。2022 年 1 月 25 日,商务部会同国家发展改革委等 6 部门共同印发《关于高质量实施〈区域全面经济伙伴关系协定〉(RCEP)的指导意见》,提出要实施自由贸易区提升战略,构建面向全球的高标准自由贸易区网络,推动更高水平开放,建设开放型世界经济。

2022 年 10 月,党的二十大报告提出,要推进高水平对外开放,"实施自由贸易试验区提升战略,扩大面向全球的高标准自由贸易区网络"。这是首次提出自由贸易试验区提升战略。对此,有专家指出,一方面,RCEP 协定的生效和中国积极申请加入 CPTPP 及 DEPA 的努力,对中国改革开放具有全局性影响;另一方面,既有的自由贸易协定也面临升级压力,WTO 改革的部分议题也可能有所推进。因此,中国需要实施更高标准的国际经贸新规则,而自由贸易试验区是先行先试的桥头堡,通过实施国际经贸新规则,大力推进自由贸易试验区发展是应有之义。[①]由此,自由贸易区提升战略和自由贸易试验区提升战略形成双战略模式,自由贸易区建设进入一个新时期。

尽管中国自由贸易区的建设取得了巨大成就,但还面临国际竞争压力。近年来,全球主要经济体加紧自由贸易协议谈判,这些谈判不但延续了传统领域的高水平开放,还引入许多 21 世纪新议题,涉及越来越多相关国的国内规制等内容。比如,修订后的美墨加自由贸易协定中的"毒丸条款",就是对协议参加国同其他国家

---

① https://www.jiemian.com/article/8292908.html.

签订自由贸易协定进行的限制条款。美国正在推动与欧盟、英国、日本等达成更高水平的协议,中国自由贸易区建设正面临不进则退、慢进也是退的局面。从发展趋势来看,自由贸易区将加速突破传统的区域经贸合作定位,成为大国制定经贸规则的新平台、抢夺国际发展权的新抓手、各国引领对外开放的新动力,势必会对国际经贸格局产生深远影响。

1.2　国际政治、国内改革与自由贸易区建设

1.2.1　国际政治与自由贸易区建设

毫无疑问,发展经贸关系是建立自由贸易区最主要的驱动力。但通过对西方发达国家的经验分析可见,它们在全球范围内大力推进自由贸易区建设,其目的和影响正在或已经超越纯粹的经济领域视野,通过建设自由贸易区获得国际政治和经济主导权、服务国家外交政策等的意图愈发明显。特别是美国,自由贸易区已经成为美国对外经济政策乃至整个对外战略中的重要内容。例如,1985 年签署的美国-以色列自由贸易协定是美国的第一个自由贸易协定。以色列国土狭小,经济体量与美国相比很小,美国与以色列签订自由贸易协定并不能为美国带来多少经贸方面的利益。但美国首选以色列签订自由贸易协定,主要是基于两国特殊关系的考虑,希望通过强化两国经济关系来巩固以色列对美国在中东地区的军事和安全支持。[①]

国际贸易的发展受到国际政治的深刻影响。两者虽然存在较为明显的界限,但它们之间的关系却是非常复杂且紧密的。简单地说,国际贸易不可能不含有政治的内容,但不能因此将国际贸易简单地政治化。在帝国贸易和殖民地贸易时期,国际贸易的政治性甚至政治化是较为突出的,那个时候的贸易是建立在国家之间不平等的基础上,一方的发展以另一方的衰落为代价。但当下全球化时代的国际

---

① 李巍、张玉环:《美国自贸区战略的逻辑——一种现实制度主义的解释》,《世界经济与政治》2015 年第 8 期。

贸易,是建立在一套国际社会所公认的规则基础上的开放、自由、平等和互惠导向的贸易,政治方面的影响有所减少,或者说经济因素相较政治因素体现得更为突出。

但是,不能忽略国际政治在国际经贸关系中的影响。以美国为例,在多边贸易谈判陷入僵局之后,美国开始着重发展自由贸易协定,目前美国已把实施自由贸易协定视为其战略工具,试图将多边无果的谈判转而在区域、双边层面进行,然后逐一推进至多边领域。在自由贸易协定的双边谈判和诸边谈判中,美国的比较优势地位更加明显,广大发展中国家与美国相比实力悬殊,这在很大程度上使发展中国家在谈判中陷入不得不面对的艰难困境,导致其利益从长远和综合角度来看都是受损的。虽然美国发展自由贸易协定带有无奈之举的意味,但收到了意想不到的效果:美国将多边无果的难题,化解为双边谈判,舍难就易,逐一推进,把一时无法在多边领域进行整体扩展的疑难议题转而在双边谈判中全面提出,迫使对方接受。①

近年来,国际贸易受到国际政治的影响愈发明显。国际货币基金组织(IMF)在 2019 年发布的一期《世界经济展望报告》中指出,致使世界经济整体增速放缓的三大原因,一是全球范围内的关税增加和贸易争端加剧,二是制造业低迷,三是投资和资本品的需求不足。IMF 是在更深层次的世界政治经济意义上来探讨这一问题的。关税增加和贸易争端是贸易保护主义和单边主义的显著特质。这种源自国际政治的影响,从短期来看抑制了投资积极性,打击了对资本货物的需求,破坏了区域一体化进程。例如英国脱欧和日韩之间围绕贸易"白名单"的争端已经对这些国家的经济增长产生了重要影响。从长期来看,如果贸易问题不能在世界贸易规则和多边体制下得到解决,则原有的规制体系和在此基础上形成的共识将会逐渐瓦解;听任错误的国际政治经济认知和实践发展下去,世界经济的复苏和繁荣就难以预期;最终,贸易问题的政治化局势会继续恶化,在背离贸易发展本位的路径上越走越远。

世界经济,实际上是世界政治经济。②因此,对自由贸易区战略的认识要超越

① 陈咏梅:《美国 FTA 范式探略》,《现代法学》2012 年第 5 期。
② https://m.gmw.cn/baijia/2019-10/23/33255430.html。

静态福利效应和动态福利效应分析。所谓静态福利效应,即自由贸易区带来的经济利益在多大程度上超过其经济成本。所谓动态福利效应,即建设自由贸易区在多大程度上能对标多边自由贸易破除政策障碍。中国的自由贸易区建设不能单纯考虑经贸问题,而更应综合考虑全球政治、外交格局等方面的变化,以及中国在全球经济、政治格局中的战略定位等因素。①一种理想的状态是,通过贸易的发展,强化和推进相互尊重、平等互利的政治环境,发展一种和平的并对各国繁荣都有所裨益的国际政治。

1.2.2　国内改革与自由贸易区建设

如果一项改革或政策在国内已经先行实施,那么以此改革或政策为依托的国际合作更加容易取得成功,争取此领域的国际影响力也更有可能性。相反,如果在进行有效的国内改革和政策推行前就推进国际影响,甚至期望以对外影响力取代国内政策的改变,往往很难取得预期效果,而且通常反过来损害国内改革和政策的实施。由此可知,应当确保国内改革和国际发展保持密切的互动,同步推进国内改革和国际发展。

至于国内改革和国际发展谁应当为先,则是一个理论领域值得探讨,现实中却无需回答的问题。在中国的改革开放和现代化建设进程中,有很多领域的改革和发展同时受到国内因素和国际因素的影响。一些改革表面上看是通过开放引进的理念所驱动的,或者是开放引致的形势所"倒逼"的,但如果该项改革与国内需求无关,与国内发展相差甚远,则没有驱动力和生存土壤。同时,一些改革看似由现实问题驱动,但在多年改革开放和全球经济一体化的影响下,政策议程中开展比较研究和借鉴他国经验已经成为一种思想和行动的自觉。

以知识产权保护体系的构建为例。为了建设良好的投资和营商环境,展示中国的开放诚意,积极参与知识产权国际秩序就成为中国推进对外开放、加快自身经济发展的当然之举。中国在 1980 年加入世界知识产权组织(WIPO)。加入 WIPO 既是西方国家"倒逼"下的行动,也是中国改革开放的时代需求。1980—2000 年的

---

① 　荆林波、袁平红:《中国加快实施自由贸易区战略研究》,《国际贸易》2013 年第 7 期。

20 年间,中国共加入了 14 个知识产权国际条约,涵盖著作权与邻接权、商标权、专利权、集成电路布图设计、植物新品种等类别的知识产权。中国知识产权立法也加速进行。①中国 1982 年颁布《中华人民共和国商标法》,1984 年颁布《中华人民共和国专利法》,1990 年颁布《中华人民共和国著作权法》,1993 年颁布《中华人民共和国反不正当竞争法》。正如相关学者所总结的,中国"以一种飞跃性、突变和超常规的方式建立了知识产权法律制度的基本框架,切实履行了相应的国际法义务"②。2001 年中国加入 WTO 的《与贸易有关的知识产权协定》(TRIPs),从此确立了WIPO 和 WTO"两个中心、双重框架"的知识产权国际保护多边机制。

在知识产权保护多边机制形成后,中国进入知识产权规则全面履行阶段。在这一阶段,中国加入知识产权国际条约的速度明显放缓,更为关注对知识产权国际规则的本土化实施。2008 年中国颁布了《国家知识产权战略纲要》,同时为适应最新的国内国际双重需要,中国先后修订了《中华人民共和国商标法》《中华人民共和国反不正当竞争法》《中华人民共和国著作权法》和《中华人民共和国专利法》。至此,中国通过数次修改法律,不仅履行了自己所承诺的知识产权国际条约义务,而且从自身发展需要出发相应提高了中国的知识产权保护水平,确立了符合中国国情、较为完备的知识产权保护体系。

在知识产权保护体系建设过程中,中国也从规则学习和适应者逐渐向规则制定者转变。中国在刚加入 WIPO 和 WTO 时,经常在知识产权领域遭受来自发达国家的指责,这些指责一方面表明中国国内相关规则尚不健全、与国际管理有冲突,另一方面也代表发达国家单边的不合理要求。时至今日,经过多年的努力,中国国内相关立法已逐渐完善,与国际协调文件所要求的标准差距越来越小。在RCEP 谈判和国际协调活动中,中国实际上扮演了极为重要的"桥梁"角色,即通过中国,有效连接了发达国家的高标准要求和发展中国家的合理诉求,中国以及其他发展中国家的很多诉求在最终正式文本中被接受,此举"标志着中国在 RCEP 知识产权国际协调的进程中扮演了掌握一定话语权的'规则制定者'的角色,而不再像

---

① 沈浩蓝:《从 TRIPs 到 RCEP:加入 WTO 以来中国参与和完善知识产权国际规则研究》,《广西社会科学》2022 年第 7 期。

② 谢晓尧、陈贤凯:《知识的产权革命——知识产权立法的"中国奇迹"》,《法学评论》2010 年第 3 期。

曾经在 TRIPs 协定以及一些自由贸易协定协调活动中那样扮演着被动接受者的角色"。①同样得益于中国多年的持续努力,中国国内相关法律法规的知识产权条款保护水平,要高于绝大多数 RCEP 条款的保护水平,中国企业按照国内标准进行经营出现侵权的可能性较低。

知识产权保护体系很好地说明了国内改革与国际发展的紧密关系和联动效应。有学者指出,全球化深度发展的阶段,已经不存在完全的"内政"问题,任何一项国内政策实际上都具有全球意义。由此,不论是发展本书重点论述的教育服务贸易还是其他类型的贸易,都必须具有国内国际双重视角和全球视野。

1.3　全球化、区域一体化与自由贸易区建设

1.3.1　全球化和区域一体化与自由贸易区建设

WTO 无疑是目前全球最大的多边经济组织,但 WTO 的谈判进程却是比较艰辛的。2001 年 11 月的首轮多边谈判"多哈发展议程"(即多哈回合谈判),虽然目标是构建多边贸易体制,但实际进展却较为不顺,这一困局直到多年后的"乌拉圭回合"才有所缓解。对于谈判进展不顺的原因,有不少专家指出,是谈判方式造成的。WTO 的谈判采取一揽子协议,追求协商一致。这种谈判方式有一定的优点,即可以利用议题关联(issue-linkage)的方式,便于各方综合平衡利益得失,最大化贸易服务和最小化贸易扭曲。但这种方式的缺陷同样突出,一揽子和协商一致的方式无疑使谈判具有相当的复杂性,各个领域的谈判需要逐一突破,各领域的协调难度加大,各国间的沟通和协调成本极高,这都导致谈判陷入一种低效状态。

之所以述及谈判方式,是因为这种谈判方式与服务贸易的发展有相当密切的关系。一方面,在整个 WTO 的谈判进程中,货物贸易无疑是重中之重,服务贸易的重要性和特殊性并没有完全体现出来。事实上,WTO 成立时服务贸易才被纳入国际服务贸易体系。在此背景下,一些服务贸易的类型,就比如本书重点论述的

---

① 马忠法、王悦玥:《论 RCEP 知识产权条款与中国企业的应对》,《知识产权》2021 年第 12 期。

教育服务,就被视为一揽子计划的"筹码",即为了获取其他领域的优势条件,以教育等领域的开放作为一种交换条件。当然,这种交换伴随的开放程度,通常是保守的,至少不会是较为开放的。由此,理论上服务贸易发展所需要的开放程度和开放条件,并没有在 WTO 谈判及最终协议中体现出来。

另一方面,服务贸易与货物贸易相比,类型更多、形式更加多变,新服务业态的出现频率也更快。这就导致在像 WTO 这种全球性的多边谈判中,各国通常会采取相对保守的谈判姿态,给予自身更大的选择权和应对空间,以便为服务贸易的发展预留空间。当然,如果该国在该服务贸易领域具有相当的优势,那它在推进该领域服务贸易的自由化方面则会更加积极主动,也不排除它将优势服务贸易同样作为"筹码",用于在谈判中争取其他部门,如货物贸易获得更好的开放条件。当然,其主张的实现程度还要看其他国家的认同情况。所以,可以这样认为,WTO 构建了全球服务贸易发展的基本规制框架,在推进服务贸易的国际化方面功不可没;但是,在推进国际服务贸易发展方面,仅仅靠 WTO 是远远不够的,服务贸易所需的开放程度和开放条件远未达到。

在全球化进展遭遇阻碍的时候,区域一体化进程的发展却呈现加速状态,世界各地出台了数百个区域贸易协定。区域一体化进程得以快速发展具有一定的必然性,包括但不限于以下原因。一是因为区域一体化的谈判参与方相对较少,谈判成本相对较低。二是能够进行谈判的诸方,通常已经具备较为长期且频繁的经贸往来,贸易结构在很多方面具有互补性,因而达成协议的推力更强而阻力更少。三是从现有的已经实施的区域一体协议来看,地理上的邻近还是很重要的有利因素。四是区域一体化以货物贸易为主要内容,降低关税是一体化的核心要义之一。

区域一体化存在弊端的关键,是它必须继续补充而不是取代多边贸易体系。WTO 总干事罗伯托·阿泽维多曾表示,许多关键问题——如贸易便利化、服务自由化以及农业和渔业补贴——只有在每个人都在谈判桌上占有一席之地时才能得到广泛而有效的解决;此外,多边制度确保最小和最脆弱国家的参与,并有助于支持发展中国家融入世界经济。[1]区域贸易协定旨在使签署国受益,但如果资源分配以及贸易和投资转移方面的扭曲不能减少,预期的好处可能会受到削弱。此外,成

---

① https://www.wto.org/english/tratop_e/region_e/scope_rta_e.htm.

员重叠、规则混乱、协定不一致风险等问题也是存在的。

　　治理主体、治理平台和治理规则是世界贸易体系的三要素,区域自由化进程一方面体现了除美国以外的欧盟、中国和日本等经济体开始积极参与全球贸易治理,世界贸易体系的治理主体朝着多元化方向发展。另一方面,RTA 成为世界贸易的重要治理平台,RTA 中达成的规则能够直接促进区域贸易发展,这些规则以及形成这些规则的谈判过程,都有利于在更广范围内扩大主要经济体之间的共识,从而促进新的国际经贸规则体系建立。

　　那么服务贸易与区域贸易一体化进程之间是怎样的关系呢？作为世界上第一套规制国际服务贸易的多边原则和框架,《服务贸易总协定》(GATS)谈判是在 20 世纪 80—90 年代初进行的,已远不能适应数字经济高速发展的现实需要。规则更新和现代化成为 WTO 成员发展服务贸易的刚性需求。因为 WTO 框架下多边谈判长期处于缓慢甚至僵滞状态,RTA 便成为规则更新的最主要平台。目前 WTO 成员已谈判数百个 RTA,其中根据 GATS 第 5 条("经济一体化")通报 WTO 的服务贸易协定已近 200 个。在 WTO 通报的 RTA 中,有超过 30％的服务贸易自由化协定,且 2000 年以后缔结的 RTA 基本包括服务贸易内容。可见,RAT 对服务贸易也是很重视的。一些受各种因素影响难以或不便在 GATS 协议下开放的内容,在 RAT 中可以有更大的自由化空间,事实中确实存在很多 RAT 自由化程度要大于 GATS 承诺的例子。但是,RAT 并不一定完全体现服务贸易自由化需求。一是服务贸易兴起时间和发展时间与货物贸易相比还很短,相关体制机制建设仍不完善。二是对货物贸易至关重要的关税,对服务贸易来说缺乏指导意义。三是对货物贸易来说至关重要的运输成本,对服务贸易而言并不一定构成成本,因而地理上的邻近也不构成达成区域一体化协议的优势。四是很多服务类型具有高度的地区差异性,消费者偏好的差异有可能非常大,在一国发达的服务业在其他国家不一定具有市场。五是服务贸易的类型众多,规范化和标准化难度较大,靠制式化的协议文本进行规范还有很多问题需要克服。六是服务业涉及很多投资问题,意识形态问题、人员跨境流动问题、国家职业资质认证问题等,这些领域的开放尚存在很多显性壁垒和隐性壁垒,"最后一公里"难题较为突出。由此,在区域一体化协议中,也存在像 WTO 一样的"一揽子"现象。所以,区域一体化进程中服务贸易的开放需求和开放现实是否匹配,还要具体问题具体分析。

1.3.2　逆全球化思潮兴起与自由贸易区建设

谈论全球化与区域一体化,就不得不提及近年来颇受关注的逆全球化思潮。"逆全球化"是近年来讨论国际政治和国际经济贸易的高频词。逆全球化思潮之所以被称为兴起而不是出现,是因为在全球化进程中,逆全球化的作用力一直存在,可以说逆全球化是全球化的一体两面,是不可割裂的重要组成部分,没有逆全球化何来推进全球化。但近年来逆全球化成为思潮,除了全球化固有作用机制之外,还受到国际贸易发展式微、原有国际贸易规则特别是争端解决机制的缺陷、主要国家贸易结构和经济发展水平变化、国际政治风云突变,以及新冠疫情等多重因素的复杂影响。逆全球化思潮对国际服务贸易的影响既有直接性的、短期性的,也有间接性的、长远性的,但不论何种维度,基本都是不利的。

全球化是推进商品、资本和服务等生产要素国际配置的过程。面对新冠疫情的全球蔓延,各国通常先对国内人员流动采取限制,以减少人员聚集带来的病毒传播风险;进而采取入境和过境管制措施。如果这一措施仅限在新冠疫情传播高峰期那无可厚非,但在实现新冠疫情可控之后依然保留上述举措,不论是仍出于防疫需求还是其他原因,均已经造成生产要素,特别是人员国际流动受限等后果。人员流动对于货物贸易而言影响有限且可控,但对于服务贸易而言却是影响极大的。由于服务难以像货物一样被储存,服务贸易对服务提供者的自然人有很强的依赖性,且越是高端、复杂的服务,这一依存度就越强。

逆全球化思潮对国家间政治互信,以及民间交往产生了不利影响。面对国际局势变化和新冠疫情的全球蔓延,一些国家的"自保"倾向愈发严重,"以邻为壑"现象开始出现。但不论是国际经济发展还是抗击新冠疫情,都需要全球各国的共同努力,上述做法只会进一步降低国际合作的可能性,破坏已有的政治互信,助长保守主义和单边主义倾向。如果对此不加以限制,将有可能导致国家主义和狭隘的民族主义滋生,进一步破坏国际政治格局。政治互信的降低,导致公共政策和公共宣传发生变化,民间交往很快就会受到不利影响。"国相交在于民相亲,民相亲在于心相通。"民间交往不利从长期来看,必将导致人员跨境流动意愿降低、跨境投资意愿降低,有损国际服务贸易的发展。

在此背景下,推进区域自由化是对新型全球化的一种积极探索。自由贸易和经济全球化依然是人类社会发展不可逆转的大势。在多边贸易体制受阻、新兴市场国家和发展中国家成为经济全球化有力推动者、贸易保护主义抬头、原有全球化秩序不断受到批判和反思的复杂背景下,发展以区域经济一体化为代表的区域自由化,以及在区域自由化进程中探索适用于全球的新型自由化理念和方式,成为一种有效发展策略。以 WTO 为代表的多边框架无法有效地协调如此众多且发展差异巨大的经济体的利益。相对而言,小规模的区域性自由贸易组织,则可依靠成员经济体之间更小的经济差距、更紧密的区域联系以及更低的谈判难度,成为目前全球自由贸易格局的主流。区域自由化与全球化之间存在复杂的作用关系,既存在驱动力,也存在一定阻力。两者在发展动因、合作方式、经济影响等方面的差异是客观存在的,但这些差异在处理两者关系时并不占据主导地位;它们之间的矛盾可以通过一定条件予以转化,两者发展方向也具有较强的一致性;区域自由化是推进全球化的重要动力,它是在多边经济合作机制不能满足部分成员体对经济自由化要求时的一种次优选择。

正是在前述种种背景下,自由贸易区的建设不但没有缩减,反而呈现出快速发展的趋势,区域贸易规则体系的发展也呈现出加速度。近十年来,全球贸易协定数量翻番,世界主要国家都参与区域经济一体化的进程中。根据 WTO 的统计,到目前为止国际上达成的自由贸易协定已经有 350 多个。多国的实践也表明,自由贸易区对于区域内贸易发展和生产效率提高都有着直接推动作用,进而带动区域经济的快速发展。同时,自由贸易区的建设也对这些国家总体对外开放水平的进一步提升形成了重要促进作用。

1.4　高标准国际贸易新规则与自由贸易区建设

国际经贸规则是国家处理国际经贸关系、参与全球治理的一种方式,具有建立国际规则和保护本国利益两种价值。从缔约方范围来看,国际经贸规则包括全球性多边协定、RTA 或双边协定;从狭义上讲,主要包括 WTO 和自由贸易协定两类国际经贸规则;从广义上讲,自由贸易协定、国际投资协定、IMF 协定、巴塞尔协定等均属于国际经贸规则范畴。依据核心规则的不同,基本上可以将国际经贸规则的演进分为三个阶段,分别是以《关税总协定》(GATT)为代表的国际经贸规则阶段、以 WTO 为代表的国际经贸规则和以 CPTPP 为代表的高标准国际经贸规则。①

在第一阶段,以 GATT 为代表的国际经贸规则主要强调关税边境上规则。在第二阶段,以 WTO 为代表的国际经贸规则开始纳入边境后规则,并确立了非歧视原则、公平贸易原则和透明度原则等基本的国际贸易规则制定原则。在第二阶段,WTO 为了促进发展中国家的发展并获得其支持,实行特殊待遇与差别待遇,充分考虑发展中国家的发展情况。此外,WTO 的另一项重要贡献在于不仅确立了各国的关税减让标准,而且达成了 GATS、贸易技术壁垒协议、与贸易有关的知识产权、与贸易有关的投资措施、政府采购协定等边境后措施。

在国际经贸规则的第二阶段,仍然是以发达国家为主导,但发展中国家的话语权有所提升。发达国家提出的边境后规则议题,旨在推动贸易投资自由化便利化,但触及一国国内规则,涉及发展中国家的国家安全及核心利益,因而遭到发展中国家的极力反对。多边体系谈判制度,需要全部成员国同意,发展中国家的反对使得 WTO 谈判进程缓慢。2013 年多哈回合谈判达成首个全球贸易协定《巴厘一揽子贸易协定》,此后 WTO 谈判就陷入停滞状态。

这也暴露出第二阶段国际经贸规则的缺陷。一是多边谈判制度造成谈判效率低下。由于发达国家和发展中国家的诉求不同,在多边谈判平台双方的矛盾较为尖锐,很难达成一致意见。二是多边规则内容无法满足生产力发展和国际分工的需求。由于国际经贸规则本就滞后于经济发展这一特性以及多边谈判效率低下,多边体系无法就边境后规则达成一致协议,造成深度分工体系下的国际贸易遭到较高的边境后壁垒。三是规则碎片化日趋严重。由于 RTA 发展较快,不同协定的贸易规则不尽相同,出现相互交叉和重叠等问题,使得区域壁垒较高,对全球贸易自由化便利化造成一定的阻碍。

数字技术催生出一系列经济发展新模式和产业发展新业态,国际贸易形式与内容也随之发生变化。跨国公司已成为全球生产网络的主导者和推动者,全球价

---

① 钊阳:《对标高标准国际经贸规则路径研究》,对外经济贸易大学,2022 年。

值链不断深化;同时,国际经贸格局发生了深刻变化,以中国为代表的新兴国家在国际经贸体系内的影响力逐渐扩大,国际经贸格局朝多极化方向发展,各方在现有体系中无法达成一致意见。由此,国际经贸规则的发展步入第三阶段。

第三阶段规则的形成主要经历了以下过程。一是以北美自由贸易协议(NAFTA)为蓝本,制定了更高标准的边境后规则。在 NAFTA 及其补充协议中,对市场准入、原产地规则、服务贸易、金融服务、投资、电信、政府采购、国有企业、自然人移动、劳工、环境等规则进行了较高水平的细致规定。二是以双边贸易协定和 RTA 作为高标准规则的主要体现方式。美国政府力推双边贸易协定和 RTA,以此种方式对那些不愿降低本国贸易壁垒、对多边谈判采取拖延策略的国家施加压力。三是推动国内立法,并将其核心内容推广至区域性经贸组织,以赋予高标准经贸规则合法地位。美国将其《贸易促进授权法》《海外反腐败法》《中小企业发展法》等一系列国内法中体现美国标准的核心内容,在其利益共同体中推行,并通过"大国俱乐部"形式对多边规则改革施压。

第三阶段的国际经贸规则在内容方面有三个主要特点。一是主张大幅削减关税,推行"零关税"政策。二是经贸规则内容涵盖范围超过贸易协定范围。CPTPP 的规则范围已经远超过贸易协定的范围,是集贸易、投资、国内规制、监管于一体的全面协定,在 CPTPP 的 3.0 章中,有超过一半的章节涉及监管问题。三是增设了很多新议题,拓宽了边境后规则范围。四是对已涉及的规则内容提出更高的标准。例如,将知识产权保护规则提升到前所未有的高度,对服务贸易承诺采用负面清单模式,升级投资条款,提升劳工标准并完善有关环境保护的规则,等等。

在规则建立的机制方面,有以下几个突出特点。一是多边机制失灵,以区域推进为主。区域自由贸易协定成为发达国家和发展中国家实现全球治理和发展国际贸易的重要平台。二是各自为盟。发达国家与发展中国家的矛盾尖锐,由于多边平台失灵,发达国家和发展中国家纷纷建立自己的"朋友圈"。例如,美国着力打造TPP、跨大西洋贸易与投资伙伴协议(TTIP)、《美国-墨西哥-加拿大协定》(USMCA)、美日数字贸易协定等跨地区高标准自由贸易协定;欧盟通过构建 TTIP、综合性经济贸易协议(CETA)、日本与欧盟的经济合作协定(EPA)等强化与主要发达经济体的经贸合作;中国通过签订 RCEP 协定,以及中澳自由贸易协定、中韩自由贸易协定、中国-新加坡自由贸易协定等,与其他贸易伙伴建立了紧密的合作关系。与此同时,其他发展中国家也通过缔结区域自由贸易协定和双边自由贸易协定的方式,积极参与国际贸易。

可见,在国际经贸规则发展的第三阶段,RTA 发挥了非常重要的作用。但是,区域自由贸易协定的作用不仅有积极的方面,也有消极的影响。一是导致国际经贸规则的碎片化。当前,全球的 RTA 发展较快。2022 年已生效的 RTA 数量是 2001 年的近 4 倍,其中自由贸易协定因自由化程度较高已成为区域合作主流模式。已生效的自由贸易协定占 RTA 总数的 89.2%。各国际贸易参与国基于其利益,纷纷联合其利益伙伴,以确立有利于自身发展的经贸规则,由于利益诉求不同,各国所参与制定的规则必然存在差异;发达国家和发展中国家的发展情况不同、发展诉求不同,其各自推进的自由贸易协定的侧重也不同。这都加剧了规则的碎片化。二是 RTA 导致了强排他性。当前,欧美国家推进的 RTA,已经由鼓励多元国家加入的开放"全球模式",转变为根据其提出的标准和需求,有较高加入条件的"俱乐部"模式。在这种模式下,可以通过较高的进入门槛,吸纳有利于巩固美欧国际轴心地位以及实现其价值观的成员参与新一轮国际经贸规则的制定,把竞争性国家暂时排除在规则体系和核心议题制定权之外。三是导致国际经贸规则理念的单边化。这些大型甚至巨型的自由贸易协定充分体现了美欧等发达经济体的价值观,其规则被视为"美欧规则"的延续,在内容方面虽然包含"发展"章节,但对于发展中国家的考虑甚少。尤其是近年来逆全球化思潮抬头,单边主义和保护主义明显上升,RTA 谈判的高标准态势显著。这些高标准贸易协定除要求在贸易和投资市场准入等边境规则上实行高水平开放外,还纳入国有企业、知识产权、数字经济、环境、劳工等涉及国内规制的边境内规则。这些新兴规则具有保护主义色彩,例如,过高的标准可能增加贸易成本,损害发展中国家的利益。

第 2 章
国际服务贸易视阈下的教育

2.1　教育、教育服务与国际教育服务贸易

　　教育是内涵与外延极为丰富的概念。《说文解字》云,"教,上所施,下所效也";"育,养子使作善也"。可见,"教"是一个长者施加影响、幼者学习仿效的过程;"育"则强调一种人格陶冶与生产的过程。"教育"作为一个完整的概念,涵盖"教"和"育"两个方面。通常来说,人们对教育最普遍的认识应该是广义与狭义的界定,即广义的教育泛指一切增进人们知识、技能、身体健康以及形成或改变人们思想意识的活动;狭义的教育是指社会通过学校对受教育者的身心所施加的一种有目的、有计划、有组织的影响,以使受教育者发生预期变化的活动。①教育的类型非常丰富,按照阶段划分有学前教育、基础教育、中等教育、高等教育等;依据对象不同可分为幼儿教育、成人教育、老年教育、特殊人员教育;依据内容侧重点不同则可以分为知识教育、技能教育、劳动教育、道德教育等。

　　明晰教育的概念可以帮助我们甄别现实中的一些认知偏差。例如,教学是教育的一种表现形式,不是教育的全部所在;学校教育是教育的一种类型,是教育最重要的组成部分之一,但学校教育不等于教育,教育包括但远不限于学校教育;每个人都有发展的需求,所以教育并不是专门针对在校学生的,每个人都有受教育的

---

① 　南京师范大学《教育学》编写组:《教育学》,人民教育出版社 1984 年版,第 1 页。

需求;学校教育并不完全都是有目的、有计划和有组织的教育活动,也存在大量无自觉目的、无计划或无组织的影响;等等。

从认识教育的概念,到进一步认识教育服务的概念,需要对服务有所认识。

服务一词包含形形色色的无形产品和活动,很难用一个简单定义来概括。服务可以从很多角度审视,本书主要从经济学的角度来看。经济学领域对服务的概念不存在统一的界定。《2010 年国际服务贸易统计手册》认为,服务是一项生产活动的成果,它改变了消费单位的状况,或是促进了产品或金融资产的交换。这两类服务可分别称为促成改变的服务和盈利服务。前者是定制产出,通常由生产者按照消费者的需求进行活动,从而改变消费单位的状况,也可以称为"转化服务"。促成改变的服务不是独立实体,不能确定其所有权,不能脱离生产单独进行交易。待到生产完成时,服务必然已经提供给消费者。对于转化服务的界定包括三个方面。一是改变消费者货物的状况:生产者通过运输、清洁、维修等方式直接作用于消费者所有的货物,或者以其他方式改变这些货物。二是改变人的实际状况:生产者为人提供交通运输、住宿、医疗、手术,或者美化其外貌,等等。三是改变人的思想状态:生产者以面对面的方式提供教育、资讯、建议、娱乐或其他类似服务。①

2023 年 7 月,中国国家统计局制定的《现代服务业统计分类》对现代服务业进行了界定,现代服务业是指伴随信息技术和知识经济的发展而产生,利用现代科学技术和现代管理理念,推动生产性服务业向专业化和价值链高端延伸,推动生活性服务业向高品质和多样化升级,加强公益性基础性服务业发展所形成的具有高技术含量、高人力资本含量、高附加价值等特征的经济活动。②

通常,国际协定对重要术语都会进行明确的定义,但 GATS 却没有对"服务"这一重要术语进行精确的定义,甚至对"服务"的内涵、外延、特征等都没有起码的描述。定义的缺失对协定的解读和适用造成一定困扰。为此,学术界有两种基本的态度。第一种态度是强烈呼吁必须对"服务"给予明确且精准的定义,规范协定的适用。第二种态度似乎与 GATS 的基调相同,它认为"服务"定义的缺位并不会

---

① https://unstats.un.org/unsd/publication/Seriesm/seriesM_86Rev1c.pdf, pp.8—9.
② http://www.stats.gov.cn/xw/tjxw/tzgg/202307/t20230728_1941608.html.

妨碍国际服务贸易的发展，由于经济、社会、技术等的快速发展，可以进行贸易的"服务"在种类、内容、方式、特征等方面会发生不断变化，因而对这一概念进行精准的界定既是不现实的，也是没有必要的。①如果考虑到漫长的服务贸易多边谈判进程，以及其中各国复杂的利益冲突，GATS 采取的列举方式对"服务"进行一定程度的描述，未尝不是一种可行的和可以接受的方式。

　　除此之外，对第二种态度的支持还源自人们的认识。在现实中，人们对于"服务"的概念有个基本共识，即非实物形态的经济物品就是服务，它具有无形性、异质性、不可储存性、生产消费时空一致性等特征。②服务在很多方面不同于货物，两者最常见的区别在于，供应商和消费者之间有直接关系，有很多服务是不可运输、不可储存的，往往要求供应商和消费者实际密切接触。围绕这些不可运输的服务进行贸易，要么由消费者去找供应商，要么由供应商去找消费者，两者必居其一。尽管货物与服务存在一定的"交叉空间"，但人们在大多时候和大多数领域，均可较为轻松和明确地区分，两者的感性差别相对来说较为明显。精准"服务"定义的缺失似乎并没有影响到各成员国设立和履行具体承诺，近年来国际服务贸易快速发展的势头，也证明了这一点。但总的来说，还是应当持续从经济学、法学等角度对"服务"的概念进行细致的研究，特别是相关的理论研究应当先行，以克服认识不清对国际服务贸易发展造成的诸多不利。

　　对教育服务的理解，同样要从多个角度入手。从狭义的角度来看，教育服务可以是为便于实施教育所给予的辅助、支持和协作等活动，包括师资培训、课程开发、教材与教学用具供应、教学或试验场地供给等，也可以特指上述具体某种活动。从广义的角度来看，教育服务可以理解为提供教育这种服务的过程和结果，其关键词在于服务二字。此处若将服务作为一种行业，则教育服务就是服务业中的一种类型；若将服务视为教育过程的构成，则突出的是非行业属性的教育服务活动。很明显，在探讨教育服务贸易的视阈下，教育服务的行业属性更为凸显，教育服务是服务业的下属类型，在很大程度上匹配服务业的一般特性。

---

①　Abu-Akeel，Aly K.，"Definition of Trade in Services under the GATS: Legal Implications"，*The George Washington Journal of International Law and Economics*，Vol.32，No.2，1999，pp.189—191.

②　王绍媛：《国际服务贸易自由化理论与规则》，大连理工大学出版社 2008 年版，第 8—10 页。

在将外延宽泛且内涵抽象的教育匹配到服务业的框架体系时，自然会面临有些教育领域不适合服务业、教育领域中的某些内容不适合服务业，以及匹配服务业过程中转变了该教育领域原有的特性等问题。例如，警察和军队教育虽然也是一种教育形式，但这些教育的性质非常特殊，不能简单地像其他教育形式那样进行市场化运作；世界各国对这类教育都采取了极为谨慎的态度，即使有市场化成分，也仅限在很小的可控部分。再如，世界各国普遍对义务教育采取相对严格的管控措施，义务教育基本完全由国家提供，对市场化的义务教育要么禁止，要么限定在一定的规模。此外，对于一些针对视力、听力、言语、肢体、智力、精神、多重残疾以及其他有特殊需要的人员的教育，如果完全依据市场规律，会因为服务提供成本高、消费群体较少等因素而造成服务成本较高，从而加剧此类群体的受教育难度，最终不利于社会公平和社会文明的进步。

简而言之，不是所有的教育都是教育服务，教育服务中的教育是经过适应服务业规则的教育，规制化之后的教育与其原本的内涵、外延及特征等都有一定区别。在讨论教育服务的过程中，首先要明确其是否作为服务行业子类型而存在；其次，要对教育服务所涉及的具体教育活动有清晰认识，对涉及的范围有精确把握；最后，要辨析教育活动在匹配服务业体系过程中的转变和异化。

从认识教育服务，到国际教育服务贸易，需要对相关的国际经贸规则有所认识。WTO 的 GATS 的签订，标志着包括教育服务在内的多种服务业被纳入国际服务贸易体系当中。自此之后，有了国际教育服务贸易的术语。那什么是国际教育服务贸易呢，GATS 对此的界定如同对服务的界定一样，也是模糊的。GATS 第13 条规定，除了由各国政府彻底资助的教学活动之外（核定例外领域），凡收取学费、带有商业性质的教学活动均属于教育贸易服务范畴。进一步，GATS 采用列举的方式标明其规制的教育服务贸易类型。GATS 参考的是联合国中心产品分类（united nations central product classification，CPC）方式。CPC 是联合国统计署制定的产品分类国际标准，是一部涵盖货物和服务的完整产品分类，目的是对作为任何经济体生产成果的货物和服务进行分类。1991 年联合国出版了《暂定产品总分类》（United Nations Provisional Central Product Classification）；对《暂定产品总分类》进行订正和增补后，于 1998 年出版了《产品总分类》（CPC 1.0 版）；2002 年出版了修订后的《产品总分类》（CPC 1.1 版）；2008 年 12 月 31 日将 1.1 版修订增补为《产品总分类》(CPC 2.0 版)，2015 年出版了 CPC 2.1 版。①

GATS 签订时主要以《暂定产品总分类》为标准，教育服务位于第 9 部门"社区、社会及个人服务"中。在《暂定产品总分类》中，教育服务贸易被划分为初等教育服务(primary education services)、中等教育服务(secondary education services)、高等教育服务(higher education services)、成人教育服务(adult education services)和其他教育服务(other education services)五类。

随着全球服务业的发展，服务的提供方式、种类、内涵等也在发生变化，对服务的界定和分类自然也需要作出相应调整。当前，产品分类标准采用的是 CPC 2.1 版。该版对原有的架构作出了一定的修改，以适应当前教育服务贸易发展的最新态势。其主要变化有四点。第一，增加了"学前教育服务"(pre-primary education services)，包括由幼儿园、托儿所和学前班等机构提供的学前教育服务。第二，增加了"专上教育非高等教育服务"(post-secondary non-tertiary education services)。第三，删除了"成人教育服务"，将其原有内容纳入其他类型之中。第四，对次级教育包括的具体类型进行了更加详细的划分和界定，并对该类教育欲达到的目标、主要任务以及主要内容等从多个角度进行了细致描述。经过上述改变，教育服务贸易的类型已经扩展为六种，分别是学前教育服务、初等教育服务、中等教育服务、专上教育非高等教育服务、高等教育服务，以及其他教育和培训服务(详见本章附表)。

之所以在此对比两个分类版本，是因为很多国家在签署 GATS 协议时的承诺，参照的是《暂定产品总分类》，在 CPC 修订后对其承诺进行修改的国家并不多。例如在初等教育阶段，目前就存在是否应当开放学前教育的争论。按照《暂定产品总分类》的划分，只要承诺开放初等教育，学前教育就应当包含其中。如果没有证据显示承诺方修改了具体承诺的参考标准，那么即使 CPC 发生了修订，也不能得出承诺开放初等教育不等于承诺开放学前教育的结论。

在教育服务的提供方式上，教育服务同 GATS 规定的其他服务类型相同，分为跨境教育、境外消费、商业存在和自然人流动四种。当然，在教育领域四种服务提供方式会有多种具体的表现形式(表 2.1)。而且，随着教育服务业态的不断发展，服务提供方式的具体表现形式在不断增加。这在丰富教育服务市场业态的同

---

① 　https://unstats.un.org/unsd/classifications/Econ/cpc.

表 2.1　教育服务贸易提供方式与具体表现

提供方式	基本内涵	具体表现
跨境交付	供应商和消费者分别位于各自国内,在一成员境内向其他任何成员境内提供服务,不涉及服务提供以及消费者物理位置的移动,服务自身发生跨境的位移	远程教育与培训服务,包括虚拟大学、在线课程(课堂)或网络学校等
境外消费	指在一成员境内向任何其他成员的服务消费者提供服务,消费者在本国境外接受服务	留学生教育、海外访学或游学等
商业存在	指服务供应商在另一国家设立(或并购)子公司、分支机构或代表处,并通过后者提供服务	国际分校、跨境研究中心、合作办学机构等
自然人流动	个人身处境外以便提供服务,服务提供者在任何其他成员境内通过自然人存在的形式提供服务	外籍的教师、研究员或专家等

资料来源:作者整理。

时,也在一定程度上增加了辨析归类的难度。

　　由前文分析可知,教育不等于教育服务,教育服务不等于国际教育服务贸易。特别是,教育服务的范畴要大于国际教育服务贸易;国际教育服务贸易不能简单地与教育服务打上等号,除了服务的生产、提供和消费过程是跨国境的"国际"基本要求外,国际教育服务贸易是经过 GATS 或其他国际经贸规则规制后的一部分教育服务,或者说是各国承诺表中详细列举的教育服务。可以说,国际教育服务贸易一定是教育服务,但教育服务不一定属于教育服务贸易的范畴。总的来看,教育、教育服务与教育服务贸易是不同的三个概念,其概念范畴可以用图 2.1 表示。

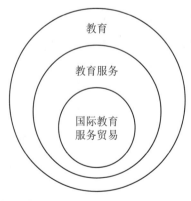

图 2.1　教育、教育服务与国际教育服务贸易关系示意图

　　进行概念辨析对国际教育服务贸易的研究具有重要意义。首先是能够明辨哪些活动属于国际教育服务贸易的范畴,进而可以聚焦统计和分析的对象,使用科学的统计数据,提高研究的针对性;更重要的是,可以基于前述基础制定出科学、有效和策略性的国际教育服务贸易发展政策。

　　举例来说,留学教育作为境外消费的典型代表,一直被视为教育服务贸易中最主要的形式,很多分析和研究过程中使用出国留学生数、来本国留学生数等作为关键指标;如果留学生规模在一定阶段有了相对明显的增长,出国留学生数超过来本国留学生数,则得出教育服务贸易发展迅速,但教育服务贸易逆差严重,呼吁推进教育服务进口的结论。

　　这种分析存在严重问题。留学生人员的构成较为复杂,即使依据 GATS 中的模糊定义,也要将其中的一部分学生数剔除。例如,针对“彻底的政府资助的教学活动”这一指标,就需要剔除由政府提供奖学金的出国及来本国留学项目,以及政府资助的公派短期交流项目。针对“收取学费”这一指标,就要剔除当中的免除学费项目,对于部分免除是否要剔除仍需探讨。针对“带有商业性质”这一指标,许多以促进人员交流、推进人才培养、推动教学和研究合作的项目(包括免费及收取一定费用的项目),也应当排除在教育服务贸易统计之外。此外,针对留学生人数使用逆差或顺差来表达是不合理的。顺差和逆差都是用来表达进出口贸易额差额的指标,留学生人数并不能直接表明一国在该领域教育服务贸易的出口额和进口额。至于存在逆差就要提高进口,更是没有学理和事实依据的一种观点。

　　再如,教育服务贸易中“商业存在”是一种重要的服务提供方式,一些国家作出了允许外资可以拥有教育机构所有权或者多数所有权的承诺,中国则规定了中外合作办学这一基本模式。在现实研究中,一种观点自然地把中外合作办学机构等同于服务贸易中的商业存在,并以中外合作办学机构的规模来测算相关指标。那么,这种观点是否正确呢?

　　《中华人民共和国中外合作办学条例》第三条规定,中外合作办学属于公益性事业,是中国教育事业的组成部分;第三十八条规定,中外合作办学机构的收费项目和标准,依照国家有关政府定价的规定确定并公布;未经批准,不得增加项目或者提高标准。《中华人民共和国中外合作办学条例实施办法》第十五条规定,有下列情形之一的,审批机关不予批准筹备设立中外合作办学机构,并应当书面说明理由:(一)违背社会公共利益、历史文化传统和教育的公益性质,不符合国家或者地方教育事业发展需要的。《中华人民共和国中外合作办学条例实施办法》第四十三条规定,中外合作办学项目收费项目和标准的确定,按照国家有关规定执行,并在招生简章或者招生广告中载明。中外合作办学项目的办学结余,应当继续用于项目的教育教学活动和改善办学条件。由此来看,中外合作办学所提供的教育服务,是否符合"收取学费、带有商业性质的教学活动"呢? 答案可能存在争议,但可以肯定的是,简单地将中外合作办学机构等同于商业存在,是不严谨的。

概念的辨析在政策研究方面具有显著价值。如果没有对教育服务贸易的清晰认识,就容易产生一些问题。

第一类问题,"为赋新词强说愁",即对于并不属于国际教育服务贸易范畴的事务,"强制"加上国际教育服务贸易的"帽子"。例如,某地高校较为集中,吸纳了一定数量的政策性留学生(即由本国政府或他国政府资助的留学生),进而借由双向留学生数量测算所谓的教育服务贸易竞争力指数(trade competitiveness,TC),并得出该地教育服务贸易竞争力较高的结论。然而,该地国际教育服务贸易真正的竞争力如何,上述举措恐怕无法有效论证。

第二类问题,"顾左右而言他",即探讨教育服务贸易中的贸易问题时,不从贸易规则与体系入手,反而跳出教育服务贸易范畴,在教育服务甚至教育领域寻觅论据。例如,某地在线教育发展较快,在线教育市场在繁荣的同时出现了某些经营方面的乱象,最典型的是抽逃预付费、虚假或夸大宣传等。地方管理部门在实施监管时,并不是从优化营商环境、提升服务业监管水平的角度解决上述问题,而是强调"让学生减负""停止贩卖焦虑""净化校外环境"等政策依据,并通过行政手段对商业发展施加干预。可以预见,在对教育服务贸易没有清晰认识的前提下,上述举措既不利于教育服务贸易的发展,也不会从根本上解决其遭遇的问题并实现其政策愿景。

第三类问题,"南辕北辙",即相关政策并不能促进教育服务贸易的发展,甚至起到反作用。第三类问题是前两类问题的必然结果。留学生数量多不等同于教育服务贸易竞争力强,发展留学教育的政策并不一定能够促进教育服务贸易的发展。国际上有很多因为盲目扩大留学生比例而造成教育机构教育质量下降,进而损害声誉的例子。在线教育企业抽逃消费者预付费,需要从工商行政管理的角度加强监管；在线教育企业虚假或夸大宣传，需要教育和工商部门共同加强管理。因为行业中部分问题的存在，而打击整个业态，对市场、企业和消费者来说都是有一定损伤的。概念辨析不清会导致政策无效，许多旨在发展教育服务贸易的政策，在概念认知和数据统计等基础问题上都是站不住脚的。

综上所述，辨析教育、教育服务和国际教育服务贸易这三个概念范畴，并对其关系有较为清晰的认识，是开展国际教育服务贸易研究和实践的必要前提。

2.2　作为服务贸易类型的教育服务

2.2.1　服务的特性

对于服务的特性人们具有相对一致的认识，其主要特点有五点。

第一，无形性。服务在空间形态上不固定，通常不是直接可视的，消费者在购买服务之前，往往不能直接感知服务，在购买之后也只能觉察到服务的结果而不是服务本身；虽然一些无形的服务存在有形化载体，但价值主体仍然是无形的服务。

第二，生产和消费通常是同时发生的。商品一旦进入市场或流通体系，便可以成为独立的交易对象，生产以及消费，可以与商品在实践和空间上分割开来。相反，服务要么同它的提供来源密不可分，要么同它的消费者密不可分。服务提供者或（和）服务消费者与服务在时间或（和）空间上分割开来；没有消费者接触服务，服务便不发生。

第三，难以储存。此特点与服务生产与消费的同时性有密切关系。正是因为生产和消费同时发生，所以服务本身难以储存；也就是说，服务不被使用，则不会给服务消费者带来效用，也就不会给服务生产者提供收益。以客运服务为例，停止运输的客运飞机以及飞机的空座不会给服务提供者带来收益，只有座位被购买且消费者切实享用运输服务时，服务提供者才能获取收益。实际上，储存有三个维度：时间、空间和时空。服务的难以储存，主要指时间上的储存。这里要特别说明服务载体的发展对服务业特性的影响。以唱片为例，人们将歌曲刻录在唱片上，唱片可以长久保存，此时人们购买的主要是服务载体而不是服务。只有消费者在播放和欣赏歌曲时,作为服务的音乐才被实际消费;也就是说,服务载体延缓了服务被消费的时间。服务载体的出现并没有改变服务难以储存的特点。

第四,异质性。同一标准的商品,其质量通常不会存在显著差异。而同一种服务的消费效果和质量通常存在明显的差别。异质性来源于提供者和消费者两方面。从服务提供的角度来看,服务的生产过程具有较高的复杂性,难以像商品一样完全实现高标准化;更重要的是,即使标准化也难以确保结果的同质性,而且越是相对高级和复杂的服务,其结果的异质性就越明显。从服务消费者的角度来看,消费需求差异较大,对同一服务的感知程度也有很大不同。

第五,品牌和声誉影响较大。如果把无形性、生产和消费同时发生、难以储存和异质性四个特点结合起来就可以发现,人们对于购买服务所可能获得的品质和效果是难以预期的,或者说是难以通过直接证据预期的,人们只能通过间接证据,即他人的经验或其他信息来判断。此外,部分服务虽然是现场消费的,但却是延迟满足的,消费的成效要一段时间之后或者满足一定条件才会出现。这些都决定了服务提供者的品牌和声誉相对而言更加重要。

2.2.2　服务的特性在教育服务上的表现

1. 无形性与有形性的结合

教育服务同其他服务相同,在空间形态上是相对不固定的,固定的是提供教育服务的机构或者场所。教育服务在被购买之前,是无法具体感知的,消费者多通过其他间接途径对教育服务进行感知。在教育服务的提供过程中,不论是知识、技能还是经验的传递,通常都是无形的(或者借助一定服务载体)。在教育服务被购买之后,消费者往往通过认知和行为的改变以及各类考核成绩的变化,来体察服务的结果。

教育服务的有形性特点相对突出,这种有形性是指教育服务存在大量的载体。最常见的图书、音频和视频制品,以及互联网和相关设备,都是信息与知识的主要载体。实际上,很多教育服务,特别是应用技术、实操实训导向的教育服务,对于载体有较大的依存度。例如,在民航、铁路和水运设备的操作培训和教育过程中,要使用大量模拟驾驶和操作仿真设备;针对制造业人才的培养过程中,会广泛使用工业机器人技术应用实训平台;建筑工程类专业大多配备有专门的建筑实体仿真实训基地;等等。

2. 施教与受教:生产与消费同时发生

尽管大量教育服务依靠各类载体实现了物理空间的存放,但只有在使用者听课、阅读和操作时,教育服务的生产-消费链条才得以完整。教育服务的这一特性,决定了国际教育服务的实施,必须实现消费者和生产者的对接。如通过出国留学,在国外院校接受教育服务,即境外消费;通过邮寄、在线或其他方式,在本国接受他国教育服务,即跨境支付;通过引进国外教育机构,在本地接受教育服务,即商业存在;通过聘请外教,实现本地国际教育服务消费,即自然人流动。仅通过消费教育服务的载体,例如购买引进的外国教材,并不构成教育服务的消费,因而不在教育服务的统计范围。

3. 来自技术的挑战:教育服务是否能被储存

前文已经论述服务难以被储存的特性,在教育服务领域也是如此。一位教师的教学不被学生听到,或者记录该教师教学的视频不被学生观看,就不会给学生带来效用。但近年来教育领域的技术进步,使得教育服务的此特性需要进一步探讨。最具代表性的技术就是人工智能(AI)。AI 教师或者 AI 课堂已经不是新鲜事,排除宣传噱头和伪 AI 的成分,真正的 AI 辅助教学主要有三方面的助力。第一是对教师行为的学习、模拟和应用。第二是教育学、心理学等学科理论的应用。第三是对学生行为的抓取、解读及反馈。其最显而易见的特性,是能够实现智能化的人机交互。

在此种情况下,教师的部分行为,实际上已经被 AI 习得,AI 成为自然人教师的部分"投影"。AI 不同于其他技术,因为它具有自主学习和变化的能力。打一个不是很严谨的比方,以往的技术干预就像是录像机,而 AI 好比是一位见习老师,通过观察和学习教师的行为,逐步成为一名初级教师。AI 教师几乎可以在任何时间提供教育服务,只要有适合的设备,在地点上也没有特殊要求。此外,该技术在服务的定制化和个性化方面的能力也非常突出。可以预见,AI 技术在教育领域将会有很大的应用潜力。

AI 既不同于其他教育技术,它具有模仿、学习和自我修正能力。设想一下,如果 AI 技术高度发达,是否能高度学习和模仿人类教师呢?从教育服务消费者的角度来看,是否难以区分屏幕另一端是人类教师还是 AI 教师呢? AI 技术不被视为自然人,但 AI 提供的服务与自然人提供的服务高度接近。这是否会在一定程度上使得教育服务被"储存"了呢? 这是一个值得深思的问题。

4. 标准化与个性化:教育服务异质性的应用

异质性在教育服务领域的表现较为突出。同一个课堂、同一所教育机构,以及持有相同证书的学生,在教育消费的效果和质量上会存在显著差异。与其他服务类型相同,教育服务的异质性来源于服务提供者和消费者两方面。从提供者的角度来看,教师可以实现大规模的培养;但是,一方面,优秀教师始终是稀缺资源,好教师不仅数量少,而且很难被模仿;另一方面,对优秀教师的评价标准也不完全相同,部分消费者感觉良好的教师,其他消费者不一定认同。从消费者的角度来看,表面上看教育消费就是为了获取某种资质、习得某种技能或者掌握某类知识,但实际上教育消费的需求差异性很高,教育消费者个体的理解、学习、转化和应用等能力不一而同。

异质性对教育服务来说既是挑战也是机遇。从现有的教育消费市场来看,部分教育消费很好地利用了异质性特点,从而最大化实现商业利益。具体来说,虽然说教育服务的供给难以像商品一样完全实现高标准化,但服务还是可以在一定程度上实现标准化的。标准化的实现,决定了教育服务提供成本的下降。标准化程度越高,教师培养成本、课程开发与实施成本等就相对越低。在线教育服务大量应用此特性,在互联网传播成本较低的助力下,网课能够以非常低的价格推向市场,对线下教育服务形成巨大的竞争压力。

当然,通常来说成本与质量之间有此消彼长的互动关系,在线教育服务企业也深谙此道,在以低成本开拓市场的同时,也推出质量更高且更具针对性的教育服务,而这一点也利用了教育服务的异质性,即消费者对教育服务的需求差异,以及对同一教育服务感知的差异。教育服务企业针对此特性推出两种主要解决方案。一是丰富教育服务的内容和途径,包括增加不同类型的教育服务,拓展同一类型教育服务的平行种类和细分种类,提供灵活多样的服务提供方式;等等。二是提高教育服务的针对性,如在消费前实施各类测评、评估消费者需求、制定针对性服务方案;变大班授课为小班授课,从"一对多"转变为"一对一",甚至"多对一";建立成长和学习档案,长期记录消费过程和消费结果;等等。

5. 相关性还是因果性：教育服务的品牌与声誉

同其他服务行业相同，品牌与声誉对于教育服务提供者来说至关重要。而且由于教育活动的特殊性和复杂性，消费者不论是在服务过程中，还是获得教育消费结果，都能够在短期和长期为其带来收益（显著的和潜在的），良好的品牌和声誉会极大提升此类收益的效应。以出国留学为例，消费者固然获得了以学历学位证为代表的教育消费的结果，但每一位留学生都不会否认消费过程对其的重要影响。这也能解释为何境外消费中非学位项目以及游学项目广受欢迎。如果该教育提供方具有良好的品牌和声誉，如世界著名学府，则消费经历和消费结果的显性价值和隐性价值都是巨大的，其回报有可能是长期的。这一特性决定了教育服务提供者应当注重品牌和声誉的经营。

在品牌和声誉的经营措施中，宣传是最主要的一种。教育服务的品牌和声誉价值，使得教育服务提供方在宣传上的投入相对能够获得更多收益。教育服务提供者最常使用的宣传方式，也是最具说服力的方式，就是表明教育服务对消费目的的决定程度，即因果性。例如，购买某教育服务，能够将消费者在某考试中的成绩提高 20%；再如，购买某教育服务，能够提高消费者的修养和素质。事实上，教育领域存在大量的相关性与因果性的混淆，很多被认为是因果性的关系，实际上仅仅具备一定的相关性。混淆相关性和因果性，是很多教育服务提供方虚假和夸大宣传的源头。这也决定了要营造良好的教育服务贸易发展环境，需要对教育服务提供方的宣传活动加以监管，以平衡供需双方之间巨大的信息不对称；同时也要加强对品牌的管理，防止品牌和声誉与现实不符的情况出现。

2.3　中国国际教育服务贸易发展情况

2.3.1　国家发展战略及主要政策中的教育服务贸易

2001 年 3 月 15 日第九届全国人民代表大会第四次会议批准的《中华人民共和国国民经济和社会发展第十个五年计划纲要》在第十七章"扩大对外开放，发展开放型经济"中提出，要以更加积极的姿态，做好加入 WTO 的准备和过渡期的各项工作。在该章的第二节"积极发展对外贸易"中明确提出,要大力发展承包工程、设计咨询、技术转让、国际旅游、国际运输、航天发射、教育文化和金融保险等领域的服务贸易出口,逐步缩小服务贸易逆差。这说明,在当时已经明确认识到中国在服务贸易领域的逆差地位,明确了发展服务贸易的政策方向。

2001 年 12 月 11 日中国正式加入 WTO,中国的改革开放和社会主义现代化建设进入了一个新阶段。2006 年 3 月 14 日第十届全国人民代表大会第四次会议批准的《中华人民共和国国民经济和社会发展第十一个五年规划纲要》,是中国加入 WTO 之后的第一份五年规划纲要。"十一五"规划在第三十五章"加快转变对外贸易增长方式"的第三节"发展服务贸易"中提出,要扩大工程承包、设计咨询、技术转让、金融保险、国际运输、教育培训、信息技术、民族文化等服务贸易出口;积极稳妥扩大服务业开放,建立服务贸易监管体制和促进体系。"十一五"规划相较于"十五"计划,一是使用了"教育培训"的表述,而不是"教育文化"的表述;二是对教育服务的基本要求仍是扩大出口,但有了积极稳妥扩大服务业开放、建立相关监管体制和促进体系的系统性要求。

2011 年 3 月 14 日,第十一届全国人民代表大会第四次会议审查并批准的《中华人民共和国国民经济和社会发展第十二个五年规划纲要》,在第五十一章"优化对外贸易结构"的第三节"大力发展服务贸易"中提出,要扩大金融、物流等服务业对外开放,稳步开放教育、医疗、体育等领域,引进优质资源,提高服务业国际化水平。相比"十一五"规划,"十二五"规划一方面单独使用教育的表述,不再将教育和培训合并表述;另一方面,"十二五"规划对教育服务的基本要求是稳步开放,比"十一五"规划提出的"扩大出口"有了更加清晰的表述。

2012 年,中华人民共和国国家发展和改革委员会等部门制定的《关于加快培育国际合作和竞争新优势的指导意见》明确指出,中国发展面临的外部环境更加复杂,迫切需要加快培育国际合作和竞争新优势。在"优化对外贸易结构"的目标任务中,指明大力发展服务贸易是其中重要一环。具体来看,该文件将服务贸易的发展分为三类:一是传统服务贸易,基本要求是深度挖掘潜力;二是发展服务外包产业;三是扩大金融、物流等服务业对外开放,稳步开放教育、医疗、体育等领域。由此来看,该文件延续了"十二五"规划"稳步开放"的表述。

2013 年,党的十八届中央委员会第三次全体会议通过的《中共中央关于全面深化改革若干重大问题的决定》(以下简称《决定》),是为了贯彻落实党的十八大关于全面深化改革的战略部署而作出的研究决定,其对深化改革和促进开放的相关问题作出了重要论述。在教育服务相关领域,首先,《决定》提出了"有序开放"的基本要求,这一要求主要针对金融、教育、文化、医疗等相对特殊的服务业;其次,《决定》明确区分了教育和文化服务业;最后,《决定》明确提出了放开部分服务业外资准入。

2016 年 3 月 16 日,第十二届全国人民代表大会第四次会议审查并批准的《中华人民共和国国民经济和社会发展第十三个五年规划纲要》,在第二十四章"加快推动服务业优质高效发展"的第二节"提高生活性服务业品质"中,提出要扩大金融、教育、医疗、文化、互联网、商贸物流等领域的开放,开展服务业扩大开放综合试点;清理各类歧视性规定,完善各类社会资本公平参与医疗、教育、托幼、养老、体育等领域发展的政策;扩大政府购买服务范围,推动竞争性购买第三方服务。"十三五"规划中的一个亮点是提出了包括教育服务在内的开展服务业扩大开放综合试点的具体要求,进一步推进政策的落实和实践。

除了服务贸易之外,教育对外开放政策与教育服务贸易的关系同样非常紧密。开展国际教育服务贸易,是中国教育对外开放宏观规划的重要组成部分。教育对外开放政策对教育服务贸易的开放领域、市场潜力、发展方向等都有深刻影响。2016 年,中共中央办公厅、国务院办公厅印发了《关于做好新时期教育对外开放工作的若干意见》(以下简称《意见》),①教育部印发了《推进共建"一带一路"教育行动》(以下简称《行动》)②。这是近年来教育对外开放领域的两份重要文件。《意见》提出了六项主要任务:加快留学事业发展,提高留学教育质量;完善体制机制,提升涉外办学水平;加强高端引领,提升中国教育实力和创新能力;丰富中外人文交流,促进民心相通;促进教育领域合作共赢;实施"一带一路"教育行动,促进沿线国家和地区的教育合作。《行动》是贯彻落实《意见》的重要举措,也是《意见》中提及的重点工作任务。《行动》提出了开展教育互联互通合作、开展人才培养培训合作和共建丝路合作机制三项合作重点。《意见》和《行动》均未明确提出发展教育服

---

① 　https://www.gov.cn/xinwen/2016-04/29/content_5069311.htm.

② 　http://www.moe.gov.cn/srcsite/A20/s7068/201608/t20160811_274679.html.

务贸易,但从政策的具体内容来看,有很多方面与国际教育服务贸易都有密切的关系,不论是政策文件对原则和方向等内容的表述,还是政策文件的具体规定,都是发展教育服务贸易所必须关注的。两份文件与教育服务贸易相关的内容摘要如表 2.2 所示。

表 2.2　文件中包含教育服务贸易的内容摘要

	领　域	与教育服务贸易有关的内容
《关于做好新时期教育对外开放工作的若干意见》	服务标准	推动亚太区域内双边多边学历学位互认,支持联合国教科文组织建立世界范围学历互认机制
	出国留学	通过完善"选、派、管、回、用"工作机制,规范留学服务市场
	来华留学	构建来华留学社会化、专业化服务体系;扩大中国政府奖学金资助规模,设立"丝绸之路"中国政府奖学金,每年资助 1 万名沿线国家和地区的新生来华学习或研修
	涉外办学	通过鼓励高等学校和职业院校配合企业走出去,鼓励社会力量参与境外办学,稳妥推进境外办学
	涉外人才	加快引进世界名校师资,完善教师专业标准体系,推进外籍教师资格认证
《推进共建"一带一路"教育行动》	服务标准	推动学历学位认证标准连通
	出国留学	以国家公派留学为引领,推动更多中国学生到沿线国家和地区留学
	来华留学	设立"丝绸之路"中国政府奖学金,为沿线各国和地区专项培养行业领军人才及优秀技能人才
	涉外办学	实施"丝绸之路"合作办学推进计划
	涉外人才	加强"丝绸之路"教师交流,推动沿线各国和地区的校长交流访问、教师及管理人员交流研修

资料来源:作者根据相关资料整理而得。

2021 年 3 月 11 日,第十三届全国人民代表大会第四次会议表决通过了《关于国民经济和社会发展第十四个五年规划和 2035 年远景目标纲要的决议》。"十四五"规划中第十三章"促进国内国际双循环"的第二节"提高国际双向投资水平"提出,要更大力度吸引和利用外资,有序推进电信、互联网、教育、文化、医疗等领域相关业务开放。

综上所述,国内政策中与发展教育服务贸易相关的内容如表 2.3 所示。

表 2.3　国内政策中与发展教育服务贸易相关的内容

时 间	文 件	相 关 内 容
2001 年	"十五"计划（2001—2005 年）	第十七章　扩大对外开放,发展开放型经济 要大力发展承包工程、设计咨询、技术转让、国际旅游、国际运输、航天发射、教育文化和金融保险等领域的服务贸易出口,逐步缩小服务贸易逆差
2006 年	"十一五"规划（2006—2010 年）	第三十五章　加快转变对外贸易增长方式 扩大工程承包、设计咨询、技术转让、金融保险、国际运输、教育培训、信息技术、民族文化等服务贸易出口;积极稳妥扩大服务业开放,建立服务贸易监管体制和促进体系
2011 年	"十二五"规划（2011—2015 年）	第五十一章　优化对外贸易结构 扩大金融、物流等服务业对外开放,稳步开放教育、医疗、体育等领域,引进优质资源,提高服务业国际化水平
2012 年	《关于加快培育国际合作和竞争新优势的指导意见》	大力发展服务贸易。扩大金融、物流等服务业对外开放,稳步开放教育、医疗、体育等领域,引进国际优质资源,促进国内市场充分竞争,提高服务业国际化水平
2013 年	《中共中央关于全面深化改革若干重大问题的决定》	(24) 放宽投资准入。统一内外资法律法规,保持外资政策稳定、透明、可预期。推进金融、教育、文化、医疗等服务业领域有序开放,放开育幼养老、建筑设计、会计审计、商贸物流、电子商务等服务业领域外资准入限制,进一步放开一般制造业。加快海关特殊监管区域整合优化
2015 年	《国务院关于加快发展服务贸易的若干意见》	积极推动文化艺术、广播影视、新闻出版、教育等承载中华文化核心价值的文化服务出口;推动服务业扩大开放,推进金融、教育、文化、医疗等服务业领域有序开放
2016 年	"十三五"规划（2016—2020 年）	第二十四章　加快推动服务业优质高效发展 扩大金融、教育、医疗、文化、互联网、商贸物流等领域开放,开展服务业扩大开放综合试点。清理各类歧视性规定,完善各类社会资本公平参与医疗、教育、托幼、养老、体育等领域发展的政策
2016 年	《关于做好新时期教育对外开放工作的若干意见》	对新时期教育对外开放工作进行宏观指引
2016 年	《推进共建"一带一路"教育行动》	推进针对"一带一路"区域的教育对外开放

续表

时　间	文　件	相　关　内　容
2019 年	《教育部关于在自由贸易试验区优化营利性民办学校审批服务的通知》	实行"证照分离"改革全覆盖试点，按照优化审批服务方式推进改革，为深化教育领域"放管服"改革取得可复制可推广的制度创新成果经验
2021 年	"十四五"规划（2021—2025 年）	第十三章　促进国内国际双循环 更大力度吸引和利用外资，有序推进电信、互联网、教育、文化、医疗等领域相关业务开放
2021 年	《"十四五"服务贸易发展规划》	三、深化服务贸易改革开放 （一）放宽服务领域市场准入 扩大外资准入领域。……有序推进电信、互联网、教育、文化、医疗等领域相关业务开放 四、加快服务贸易数字化进程 （三）促进传统服务贸易数字化转型 推动数字技术与服务贸易深度融合，运用数字化手段，创新服务供给方式，打破传统服务贸易限制，降低交易成本，提升交易效率和服务可贸易性。大力发展智慧物流、线上支付、在线教育、线上办展、远程医疗、数字金融与保险、智能体育等领域 五、优化服务贸易行业结构 （三）培育特色服务贸易竞争新优势 加快发展教育服务贸易。积极引进境外优质教育资源。做强"留学中国"品牌，打造更具国际竞争力的留学教育。扩大与全球知名高校及机构合作，优化出国留学全球布局。构建国际中文教育标准体系，加强标准应用和推广。配合支持各国开展国际中文教育和"中文＋职业教育"，加强教师、教材、教学、考试资源和品牌建设。积极培养小语种人才，提升语言服务贸易水平
2021 年	《海南自由贸易港跨境服务贸易特别管理措施（负面清单）（2021 年版）》	九、教育 57. 境外教育服务提供机构除与中方教育考试机构合作举办面向社会的非学历的教育考试外，不得单独举办教育考试 58. 境外个人教育服务提供者受海南自由贸易港内学校和其他教育机构邀请或雇佣，可入境提供教育服务，须具有学士以上学位，且具有相应的专业职称或证书
2022 年	《服务贸易国内规制参考文件》	《服务贸易国内规制参考文件》的规则有助于规范这些服务行业的许可、资质和技术标准，如金融、电信、运输、医疗、教育、文化等行业市场的经营许可

资料来源：作者根据相关资料整理而得。

从这些政策分析中可以看出以下几个特点。

第一，规划先行。早在加入 WTO 之前，中国就已经开始着手进行相关的顶层设计，包括教育服务贸易。从"十五"计划的表述中可以看出，当时已经明确认识到中国在服务贸易领域的逆差地位，明确了发展服务贸易的政策方向，并明确强调了承包工程、设计咨询、技术转让、国际旅游、国际运输、航天发射、教育文化和金融保险等领域的服务贸易，其重点任务是强化出口。可见，当时教育服务的发展重点是强化出口。强化出口的基本规划导向一直延续至今，"十一五"规划继续使用了扩大出口的表述，"十三五"规划同样提出了扩大开放。略有不同的是，"十二五"规划和"十四五"规划对扩大开放的方式提出了进一步的规划。

第二，表述变化。虽然各规划都提出了强化出口的要求，但对教育服务贸易具体如何扩大出口，不同阶段的规划还是略有差别的。一是从"扩大出口"到"扩大开放"。"十五"计划和"十一五"规划使用了相近的扩大出口表述。在"十二五"规划中，对包括教育在内的医疗、体育等领域的发展规划的关键词，变成了"扩大开放"。之后的"十三五"规划和"十四五"规划均沿用了"扩大开放"的表述，"扩大出口"的表述再未出现。二是提出"稳步""有序"的要求。从"十二五"规划开始，中国对教育服务贸易的规划就有了进一步的描述，稳步开放、有序推进成为关键词。在此期间，关于服务贸易的诸多政策中，在教育服务贸易方面，"稳步"和"有序"的出现频率较高，这两个关键词也成为分析中国教育服务贸易政策的重要切入点。三是对教育服务贸易的描述变化。在"十五"期间，教育服务贸易是通过"教育文化"描述的；在"十一五"期间，是通过"教育培训"描述的。可见，在这两个时期，教育服务贸易并没有单独成为一个论述的对象，而是与文化、培训等密切相关的领域共同呈现的。在"十二五"规划之后，教育服务的独立性显著增强，通常不再与其他领域共同呈现，这也在一定程度上表明中国政府对教育服务的认识程度和重视程度逐渐提高。

第三，教育服务贸易的发展受到长期重视。从"十五"计划到"十四五"规划，每个五年发展规划中都存在直接或间接有关教育服务贸易的表述，对教育服务贸易的发展方式也从扩大出口逐渐转变为扩大开放，并提出了"稳步"和"有序"的要求。但是，要弄清教育服务贸易实现了怎样的发展，一方面需要对相关政策进行研究，以研判政策落地情况；另一方面还要收集和分析相关数据，以便对发展情况有客观的掌握和科学的判断。

2.3.2 服务贸易发展战略中的教育服务贸易

1.《国务院关于加快发展服务贸易的若干意见》

2015 年 1 月 28 日,《国务院关于加快发展服务贸易的若干意见》(以下简称《意见》)颁布,这是中国颁布的专门促进服务贸易的政策文件之一。《意见》指出,中国服务贸易发展较快,但总体上国际竞争力相对不足,仍是对外贸易的短板。这是对中国服务贸易发展阶段和发展水平的基本论断。

对于中国服务贸易发展较快,可以从两个方面进行分析。一是中国服务贸易总体发展水平较低,基数低则相对容易实现较快的发展速度。二是中国服务贸易内部结构有差异,一些领域或部门的服务贸易发展速度较快,带动了服务贸易整体发展速度,但这并不能说明所有服务贸易都实现了快速发展。

对于总体上国际竞争力不强的原因,可以从两个方面进行分析。一是从服务贸易结构来看,有一些领域或部门的服务贸易具有国际竞争力,考虑到服务贸易类型较为多样,部分细分领域中具有较强的竞争力也是客观事实;同时,另一些领域或部门的服务贸易竞争力就较弱了,且竞争力弱的部门占多数,致使服务贸易总体竞争力不强。二是服务贸易发展环境还有待进一步提升,尚未打造具有更强竞争力的服务贸易发展环境。

对于对外贸易的短板,可以从两个方面理解。一是将服务贸易与货物贸易相比,服务贸易在规模、盈利能力等方面要落后于货物贸易。二是中国服务贸易在国际上的发展水平,要明显落后于货物贸易在国际上相应的发展水平。综上所述,在规模上,中国各服务贸易类型仍需持续扩大;在结构上需要一方面强化优势部门的发展,另一方面大力推进相对弱势部门的发展;在质量上,各服务贸易类型需要着力打造国际竞争力;在发展战略上不仅要关注服务贸易自身的发展,还要在对外贸易的宏观视野下强化同其他贸易类型的协同推进。

《意见》指出,中国服务业贸易发展有三项基本原则。一是深化改革,扩大开放。其核心要求一方面要以改革促开放,放宽服务贸易投资准入,打破各类限制;另一方面要有序推进开放,以开放促进改革、促发展、促创新。二是市场竞争,政府引导。其核心要求是一方面坚持市场在资源配置中的决定性作用,激发市场各类主体发展新活力;另一方面强化政府在制度和政策建设、宏观指导和环境营造等方面的职责。三是产业支撑,政府引导。强调服务贸易同其他贸易的联系,依托制造业优势促进中国服务贸易的发展。在主要任务方面有以下几个具体的方向:扩大服务贸易规模、优化服务贸易结构、规划建设服务贸易功能区、创新服务贸易发展模式、培育服务贸易市场主体、进一步扩大服务业开放,以及大力推动服务业对外投资。

《意见》对教育服务贸易及教育服务的涉及有三处。第一,在主要任务第一部分"扩大服务贸易规模"中指出,要积极推动文化艺术、广播影视、新闻出版、教育等承载中华文化核心价值的文化服务出口。第二,在主要任务第六部分"进一步扩大服务业开放"中指出,要推动服务业扩大开放,推进金融、教育、文化、医疗等服务业领域有序开放,逐步实现高水平对内对外开放。第三,在重点任务分工及进度安排表中,最后一项"鼓励高等学校国际经济与贸易专业增设服务贸易相关课程"由教育部负责,时间进度为"持续实施"。

结合服务贸易总体发展规划及具体规定,可以看出中国服务贸易发展方式存在四个特点,并可以从中提炼教育服务贸易的发展定位。

第一,重点突出。在众多的服务贸易类型中,《意见》提及的主要有劳动密集型服务贸易,如旅游、建筑等;资本技术密集型服务贸易,如运输、通信、金融、保险、计算机和信息服务、咨询、研发设计、节能环保、环境服务等;文化服务贸易,如文化艺术、广播影视、新闻出版、教育、文化创意、数字出版、动漫游戏等;以及特色服务贸易,如中医药、体育、餐饮等。

第二,发展任务各有侧重。一是对劳动密集型服务,要巩固出口的规模优势。可见,中国在劳动密集型服务领域具有一定的竞争优势,且这种优势体现在规模方面。质量、特色和盈利能力方面仍有提升空间。二是对资本技术型服务,要进行重点培育,通过扩大进口满足国内需求,又通过鼓励出口培育产业竞争力和外贸竞争新优势。可见,一方面,资本和技术密集型服务是中国服务贸易的短板之一,不仅出口方面不具有明显的优势,需要培育新优势,而且还需要扩大进口以满足国内的相关需求。另一方面,资本和技术密集型服务是优化中国服务贸易结构的重点,既要通过扩大该服务的出口,特别是在"一带一路"沿线的出口,提高其出口占比;又要加大该服务的进口力度,推动国内相关行业的发展。三是对文化服务,要积极推动文化艺术、广播影视、新闻出版、教育等承载中华文化核心价值的文化服务出口,加强国际交流合作,最终实现提升中华文化软实力和影响力这一最终目标。

第三,有序扩大开放。进一步扩大服务业开放是中国服务贸易发展的重要任务,但各类型服务业的开放要求是不同的。在"进一步扩大服务业开放"的主要任务中,有如下表述,推进金融、教育、文化、医疗等服务业领域有序开放,逐步实现高水平对内对外开放;放开育幼养老、建筑设计、会计审计、商贸物流、电子商务等服务业领域外资准入限制。这说明对于金融、教育、文化、医疗等服务业领域,有序开放是基本要求,分步骤分阶段的开放将是基本路径,且这种开放是对内、对外两个维度同时推进的。对于育幼养老、建筑设计、会计审计、商贸物流、电子商务等服务业领域,则没有明显的"有序"要求,放开外资准入是基本目标。

第四,创新发展试点、自由贸易试验区和自由贸易区扮演着重要角色。在主要任务"规划建设服务贸易功能区"当中,明确提出,要"充分发挥现代服务业和服务贸易集聚作用,在有条件的地区开展服务贸易创新发展试点";要"依托现有各类开发区和自由贸易试验区规划建设一批特色服务出口基地"。

创新发展试点方面,2016 年,《国务院关于同意开展服务贸易创新发展试点的批复》出台,同意 10 个省市和 5 个国家级新区为服务贸易创新发展试点地区,试点期限为 2 年。[①]在 2016 年的试点方案中,提及"结合本地区产业特色,稳步推进金融、教育、文化、医疗、育幼养老、建筑设计、会计审计、商贸物流等行业对外开放"。

2018 年《国务院关于同意深化服务贸易创新发展试点的批复》进一步规定,同意在 17 个省市(区域)深化服务贸易创新发展试点。深化试点期限为 2 年,自 2018 年 7 月 1 日起至 2020 年 6 月 30 日止。[②]在 2018 年的方案中,"试点任务及政策保障措施"一项提及,要"积极借鉴自贸试验区和北京市服务业扩大开放综合试点等在金融、旅游、文化教育、医疗健康、信息服务等服务领域开放经验"。

2020 年,《国务院关于同意全面深化服务贸易创新发展试点的批复》指出,同意在 28 个省、市(区域)全面深化服务贸易创新发展试点。全面深化试点期限为 3

---

① https://www.gov.cn/gongbao/content/2016/content_5054721.htm.
② https://www.gov.cn/gongbao/content/2018/content_5301845.htm.

年,自批复之日起算。① 在 2021 年的方案中,没有涉及教育服务贸易的表述。

特色服务出口基地方面,2021 年,商务部、中央宣传部、教育部、自然资源部、人力资源社会保障部、知识产权局、中国外文局等 7 部门联合发布的《关于组织申报专业类特色服务出口基地的通知》,提出在人力资源服务、地理信息服务、知识产权服务、语言服务等四个领域建设一批专业类特色服务出口基地。②

在通知以及经过评选后的公示信息中,有一个方面涉及教育服务的内容。在人力资源服务出口基地建设工作方案中,重点任务第二项"加强人力资源服务创新"中提及,鼓励基地与国际领先人力资源服务机构和企业合作,提升人力资源管理咨询、人才层、高端人才寻访等高附加值业态服务能力,探索培育互联网、教育、医疗等行业与人力资源服务深度融合的新模式。

通过前述分析,可以总结出教育服务贸易在中国服务贸易和国际贸易发展中的定位。一是将教育服务视为文化服务的组成部分。二是将扩大出口与合作、提升文化软实力和影响力作为发展目标。三是教育服务需要有序开放、双向开放。四是教育服务不论是在创新发展试点,还是在特色服务出口基地方面,都不是重点内容,缺少具体的落地措施。上述分析对于我们认识教育服务贸易、明确中国教育服务贸易发展政策有一定帮助。

2.《"十四五"服务贸易发展规划》

"十三五"时期,中国服务贸易发展成效显著。服务贸易规模稳步增长,服务贸易结构显著优化。"十四五"时期,中国服务贸易发展面临全球价值链加速重构、数字技术革命、中国深入推进对外开放等前所未有的机遇。但同时,中国服务贸易发展也面临一些挑战,如部分服务贸易领域开放不够,国际竞争力不足。服务贸易发展不平衡不充分问题仍然突出,改革深度、创新能力、发展动力仍显不足。为促进中国服务贸易的高质量发展,商务部会同国务院服务贸易发展部际联席会议成员等共 24 个部门,联合编制发布了《"十四五"服务贸易发展规划》(以下简称《规划》)。

《规划》是中国构建新发展格局时代背景下的首份服务贸易规划,它首次将"深

---

① https://www.gov.cn/gongbao/content/2020/content_5537926.htm.

② http://fms.mofcom.gov.cn/article/tongjiziliao/202202/20220203278195.shtml.

化服务贸易改革开放"作为首个重点任务专章;首次将"数字贸易"列入服务贸易发展规划,明确提出数字产品、数字服务、数字技术和数据等四类数字贸易类型。此外,作为《规划》的一大特色,其明确提出要积极发展文化、教育、中医药等服务贸易,突出培育特色服务贸易竞争新优势。

在《规划》中,对教育服务贸易有如下表述。

第三章"深化服务贸易改革开放"的第一节"放宽服务领域市场准入"中提出,扩大外资准入领域。健全准入前国民待遇加负面清单管理制度,进一步缩减外资准入负面清单。持续推进服务业扩大开放,支持商业存在模式服务贸易加快发展。有序推进电信、互联网、教育、文化、医疗等领域相关业务开放。

第四章"加快服务贸易数字化进"的第三节"深化服务贸易改革开放"中提出,促进传统服务贸易数字化转型推动数字技术与服务贸易深度融合,运用数字化手段,创新服务供给方式,打破传统服务贸易限制,降低交易成本,提升交易效率和服务可贸易性。大力发展智慧物流、线上支付、在线教育、线上办展、远程医疗、数字金融与保险、智能体育等领域,积极支持旅游、运输、建筑等行业开展数字化改造,支持签发区块链电子提单。

第五章"优化服务贸易行业结构"的第三节"培育特色服务贸易竞争新优势"中,明确提出"加快发展教育服务贸易",具体包括:积极引进境外优质教育资源,做强"留学中国"品牌,打造更具国际竞争力的留学教育;扩大与全球知名高校及机构合作,优化出国留学全球布局;构建国际中文教育标准体系,加强标准应用和推广;配合支持各国开展国际中文教育和"中文+职业教育",加强教师、教材、教学、考试资源和品牌建设;积极培养小语种人才,提升语言服务贸易水平。

第六章"完善服务贸易区域布局"中,在对京津冀和长三角服务贸易集聚区的规划中,均提出促进教育服务深化改革和促进优势布局的具体要求。

《规划》是当前中国教育服务发展的重要指导文件。其在教育服务方面有四个方面的重点和特色。第一,对教育等服务领域沿用"有序开放"的表述,但同时提出健全负面清单管理、缩减外资准入、支持商业存在模式加快发展等具体性的且基于国际贸易规则的要求,提升了规划的现实指导性,有利于规划的深入落实。第二,从促进传统服务贸易数字化转型的角度提出发展在线教育。在线教育是近年来中国快速发展的一种服务业态,中国在此领域的比较优势持续加强,但相关政策和发展规划总的来说相对不足,《规划》的表述对促进和规范该服务业态的发展具有重要意义。第三,从培育特色服务贸易的角度定位教育服务贸易。在《规划》中,教育服务被单独列为一段,较为详细地提出了发展双向留学教育、中文教育、合作办学、加快优质教育资源建设等具体措施。第四,树立了服务贸易区域布局、发挥比较优势的发展思路。将京津冀和长三角这两个优质教育资源聚集、优势条件充分的区域作为发展教育服务的重点区域。

2.3.3　GATS 及相关国际经贸协议的中国教育服务贸易

1. 中国基于 GATS 协议的教育服务贸易承诺

2000 年 8 月 25 日,第九届全国人民代表大会常务委员会第十七次会议听取并审议了《关于我国加入世界贸易组织进展情况的报告》,决定同意国务院完成加入 WTO 的谈判和委派代表签署的中国加入 WTO 议定书,经国家主席批准后,完成中国加入 WTO 的程序。2001 年 11 月 11 日,在卡塔尔首都多哈,中国签署加入 WTO 的议定书。2001 年 12 月 11 日,中国正式加入 WTO,成为其第 143 个成员。

中国加入 WTO 签署的法律文件包括《中华人民共和国加入议定书》《中华人民共和国加入的决定》《中国加入工作报告书》以及多份附件,其中就包括《附件 9:中华人民共和国服务贸易具体承诺减让表》。该表的第一部分是水平承诺(表 2.4),第二部分是具体承诺,教育服务的具体承诺位于其中(表 2.5)。

(1) 水平承诺。中国在水平承诺上主要对商业存在和自然人流动作出相应规定。与教育服务相关的有三方面。一是对外商投资企业合资企业的类型、外资占比,以及在中国开设分支机构作出规定。二是对用地作出规定,教育、科学、文化、公共卫生和体育目的用地期限为 50 年。三是与自然人移动有关的规定,集中在不同人员入境期限上。

(2) 部门承诺。第一,禁止性规定,包括两个方面。一是中国教育服务的开放承诺,不包括一些特殊教育服务,例如军事、警察、政治和党校教育。二是中方不承诺开放义务教育。第二,承诺开放的教育服务类型。中国对初等、中等、高等和成人教育服务以及其他教育服务作出开放承诺。第三,教育服务的市场准入限制。中国对五种教育服务的市场准入限制作出一致性承诺。一是在跨境支付方面不作

表 2.4 《附件 9 中华人民共和国服务贸易具体承诺减让表》中的水平承诺

	市场准入限制	国民待遇限制
水平承诺（本减让表中包括的所有部门）	3. 在中国,外商投资企业包括外资企业(也称外商独资企业)和合资企业,合资企业有两种类型:股权式合资企业和契约式合资企业。① 股权式合资企业中的外资比例不得少于该合资企业注册资本的 25%。 由于关于外国企业分支机构的法律和法规正在制定中,因此对于外国企业在中国设立分支机构不作承诺,除非在具体分部门中另有标明。 允许在中国设立外国企业的代表处,但代表处不得从事任何营利性活动,具体承诺中的代表处除外。 对于各合同协议或股权协议,或设立或批准现有外国服务提供者从事经营或提供服务的许可中所列所有权、经营和活动范围的条件,将不会使之比中国加入 WTO 之日时更具限制性。 中华人民共和国的土地归国家所有。企业和个人使用土地需遵守下列最常期限限制: a. 居住目的为 70 年; b. 工业目的为 50 年; c. 教育、科学、文化、公共卫生和体育目的为 50 年; d. 商业、旅游、娱乐目的为 40 年; e. 综合利用或其他目的为 50 年。 4. 除与属下列类别的自然人的入境和临时居留有关的措施外,不作承诺: a. 对于在中华人民共和国领土内已设立代表处、分公司或子公司的一 WTO 成员的公司的经理、高级管理人员和专家等高级雇员,作为公司内部的调任人员临时调动,应允许其入境首期停留 3 年; b. 对于被在中华人民共和国领土内的外商投资企业雇佣从事商业活动的 WTO 成员的公司的经理、高级管理人员和专家等高级雇员,应按有关合同条款规定给予其长期居留许可,或首期居留 3 年,以时间短者为准; c. 服务销售人员,即不在中华人民共和国领土内常驻、不从中国境内的来源获得报酬、从事与代表一服务提供者有关的活动、以就销售该提供者的服务进行谈判的人员,如:(a)此类销售不向公众直接进行,且(b)该销售人员不从事该项服务的供应,则该销售人员的入境期限为 90 天。	3. 对于给予视听服务、空运服务和医疗服务部门中的国内服务提供者的现有补贴不作承诺。 4. 除与市场准入栏中所指类别的自然人入境和临时居留有关的措施外,不作承诺。

注:服务提供方式:1. 跨境交付,2. 境外消费,3. 商业存在,4. 自然人流动。

资料来源:《中华人民共和国加入议定书——附件 9:中华人民共和国服务贸易具体承诺减让表》。

---

① 依照中国法律、法规和其他措施订立的设立契约式合资企业的合同条款,规定诸如该合资企业经营方式和管理方式以及合资方的投资或其他参与方式等事项。契约式合资企业的参与方式根据合资企业的合同决定,并不要求所有参与方均进行资金投入。

表 2.5　中国教育服务贸易具体部门承诺

部门及限制条件			市场准入限制	国民待遇限制
不包括特殊教育服务,如军事、警察、政治和党校教育	不包括义务教育	初等教育	1. 不作承诺 2. 没有限制 3. 将允许中外合作办学外方可获得多数拥有权 4. 除水平承诺中的内容和下列内容外,不作承诺:外国个人教育服务提供者受中国学校和其他教育机构邀请或雇佣,可入境提供教育服务	1. 不作承诺 2. 没有限制 3. 不作承诺 4. 资格如下:具有学士或以上学位;且具有相应的专业职称或证书,具有 2 年专业工作经验
		中等教育		
	高等教育			
	成人教育			
	其他教育服务(包括英语语言培训)			

资料来源:同表 2.4。

承诺;二是对境外消费不作限制;三是对商业存在方面允许中外合作办学一种形式,且外方可以获得多数拥有权;四是在自然人流动方面,除水平承诺外,外国个人教育服务提供者受中国学校和其他教育机构邀请或雇佣,可入境提供教育服务。第四,教育服务的国民待遇限制。中国对五种教育服务的国民待遇限制作出一致性承诺。一是在跨境支付方面不作承诺;二是对境外消费不作限制;三是对商业存在方面的国民待遇不作承诺;四是对自然人流动提出具体的资质要求。

（3）中国教育服务贸易承诺特点。纵观签署 GATS 的国家（或地区）在教育领域的开放规定,中国并无突出特点和明显差异。首先,从开放领域的限制来看,中国对五种教育领域均有一定的限制,考虑到有近三分之一的成员对五种教育领域的开放有所限制,这一规定的特点并不突出。承诺开放的状况是由本国实际和政策选择决定的,与国家发展水平之间既无必然性关系,也无一般性规律。

其次,从初等教育和中等教育阶段的开放规定来看,中国明确提出国家义务教育不包含在教育开放范围。此项规定在其他签署 GATS 的成员中并不多见。但一方面,俄罗斯、新西兰、欧盟等将初等教育和中等教育的开放限于私人教育机构,挪威规定开放的初等教育和中等教育必须履行公共服务职能;另一方面,日本规定必须由在本土设立的正式教育机构提供服务。各成员的规定虽然在表述上有所差异,但在事实上同中国的规定却是一致的。

最后,从高等教育阶段的开放规定来看,签署 GATS 协议的国家或地区中,高等教育阶段承诺开放的只有奥地利、比利时、冈比亚、加纳、海地、马里、卢旺达、泰国和美国 9 个国家。中国同大多数成员一样对高等教育的开放有所限制。澳大利亚、日本和欧盟等高等教育发达国家或地区均有不同类型的限制条件。其中，英国和意大利规定，开设授权颁发国家学历或学位的私立大学，需要经过测试并需要有国会提议；日本规定高等教育机构必须由学校法人设立；俄罗斯对商业存在在市场准入和国民待遇方面均不作承诺。

2. 基于自由贸易区协议的承诺

中国针对不同的自由贸易协定，在服务业的开放方面有不同的承诺。总体来看，中国教育服务贸易在各自由贸易协定中的承诺，在承诺方式和承诺内容上基本与在 GATS 协议下相同，只是在个别教育服务类型上略有调整。

以 RCEP 协定中的中国教育服务具体承诺为例（表 2.6），中国依然对初等教育、中等教育、高等教育、成人教育和其他教育五类教育服务作出开放承诺。不同的是，中国在成人教育服务和其他教育服务中列明了具体类型。例如，在成人教育服务中，中方承诺限定在 CPC 924 的美容、水疗、针灸的非学历培训上；在其他教育服务中，中方承诺限定在 CPC 929 的英语、烹调和工艺制作的非学历培训上。

表 2.6　中国基于 RCEP 协定的教育服务贸易具体承诺表

教育部门及限制条件	市场准入限制	国民待遇限制
（不包括特殊教育服务，如军事、警察、政治和党校教育） A. 初等教育服务（CPC 921，不包括 CPC 92190 中的国家义务教育） B. 中等教育服务（CPC 922，不包括 CPC 92210 中的国家义务教育） C. 高等教育服务（CPC 923） D. 成人教育服务（CPC 924，包括美容、水疗、针灸的非学历培训） E. 其他教育服务（CPC 929，包括以下非学历培训：a.英语；b.烹调；c.工艺制作）	1. 不作承诺 2. 没有限制 3. 允许中外合作办学，允许外方获得多数股权 4. 除水平承诺中的内容和下列内容外，不作承诺：外国个人教育服务提供者受中国学校和其他教育机构邀请或雇佣，可入境提供教育服务	1. 不作承诺 2. 没有限制 3. 不作承诺 4. 资格如下：具有学士或以上学位；且具有相应的专业职称或证书，具有 2 年专业工作经验

资料来源：作者根据相关资料整理而得。

中国-东盟自由贸易协定、中新自由贸易协定、中国-柬埔寨自由贸易协定中的承诺与此完全相同。中国-新西兰自由贸易协定与此基本相同,只是在表述上没有采用"非学历",而是使用了"非学术"的方式。

在中国-澳大利亚自由贸易协定中,中方在成人教育服务中未列明具体类型,在其他教育服务中仅列明英语语言培训一种。中国-毛里求斯自由贸易协定、中国-韩国自由贸易协定、中国-冰岛自由贸易协定、中国-秘鲁自由贸易协定、中国-巴基斯坦自由贸易协定、中国-哥斯达黎加自由贸易协定和中国-智利自由贸易协定中的中方承诺,与此完全相同。中国-瑞士自由贸易协定的承诺与中国-澳大利亚自由贸易协定基本相同,只是在其他教育服务中,中国承诺的 CPC 929 包括德语、法语和意大利语语言培训。

此外,在中国-澳大利亚自由贸易协定,以及中国-新西兰自由贸易协定中,都存在补充说明。澳大利亚和新西兰均要求中国更新和补充在教育部涉外教育监管网上的两国高等教育机构的名单信息,中国对此予以承诺。此外,中国和新西兰两国均承诺将在官方层面共同开展对包含远程教育内容在内的资格质量保障标准的评估。

附表 《产品总分类》(CPC 2.1 版)(部分)

类 (categories)	组 (group)	级别 (class)	次级 (subclass)	名称 (title)
92				教育服务(education services)
	921			学前教育服务(pre-primary education services)
		9210	92110	1. 该子类包括: 教育服务通常由托儿所、幼儿园、学前班、幼儿教育中心、婴儿教育中心或小学附属特殊部门提供。学前教育("国际教育标准分类法"0级)被定义为有组织教学的初始阶段,主要是为了将幼儿引入学校型环境,即在家庭和学校氛围之间架起一座桥梁。 2. 该子类还包括: 与在该教育一级提供特殊教育方案有关的服务。 3. 该子类不包括: (1)儿童娱乐和度假营地,应归入次级 63130; (2)儿童日托服务,应归入次级 93510。

续表

类 (categories)	组 (group)	级别 (class)	次级 (subclass)	名称 (title)
	922			初等教育服务（primary education services）
		9220	92200	1. 该子类包括： "国际教育标准分类法"1级提供的教育服务，其中包括旨在为学生提供阅读、写作和数学方面的初步基础教育，以及对历史、地理、自然科学、社会科学、艺术和音乐等其他科目的基本理解的课程。 2. 该子类还包括： （1）与在该教育一级提供特殊教育方案有关的服务； （2）在这一教育水平上为成人提供扫盲方案的相关服务。
	923			中等教育服务（secondary education services） 1. 该组包括： 为学生提供越来越专业化的、可以从一个级别转移到另一个级别的二级课程的教育服务。这些课程可以是普通课程或技术/职业课程。 根据以下定义： （1）一般课程：涵盖未明确设计的教育，以使参与者为特定职业类别或行业做准备，或进入进一步的职业或技术教育课程。 （2）技术/职业：涵盖教育，使参与者无需进一步培训即可直接进入特定职业。成功完成此类课程可获得与劳动力市场相关的职业资格。
		9231	92310	一般的初中教育服务（lower secondary education services，general） 1. 该子类包括： "国际教育标准分类法"2级的教育服务，通常旨在完成初级教育的基本技能和知识的提供，尽管教学通常更注重学科，常雇佣更专业的教师在专业领域开设课程。这些服务包括未明确设计的教育，以使参与者为特定职业类别或行业做准备，或进入进一步的职业或技术教育计划。 2. 该子类还包括： （1）与在该教育一级提供特殊教育方案有关的服务； （2）在这个教育级别为成人提供扫盲计划的相关服务。

续表

类 (categories)	组 (group)	级别 (class)	次级 (subclass)	名称 (title)
		9232	92320	初中教育服务、技术和职业(lower secondary education services, technical and vocational) 1. 该子类包括: 　"国际教育标准分类法"2 级教育服务,通常旨在完成初级教育的基本技能和知识的提供,尽管教学通常更注重学科,常采用更专业的教师,他们在专业领域开设课程。这些服务包括教育,使参与者无需进一步培训即可直接进入特定职业。成功完成此类课程可获得与劳动力市场相关的职业资格。 2. 该子类还包括: 　与在该教育一级提供特殊教育方案有关的服务。
		9233	92330	一般的高中教育服务(upper secondary education services, general) 该子类包括: 课程教育服务("国际教育标准分类法"3 级),具有较高的专业化程度,与"国际教育标准分类法"2 级相比,教师在其科目中更加合格和专业。通常不同课程类型可在此级别获得。一般而言,完成三级教育是进入高等教育课程的最低要求。该子类中的服务包括未明确设计的教育,以使参与者为特定职业类别或行业做准备或进入进一步的职业或技术教育计划。
		9234	92340	高中教育服务、技术和职业(upper secondary education services, technical and vocational) 该子类包括: 课程教育服务("国际教育标准分类法"3 级),具有较高的专业化程度,与"国际教育标准分类法"2 级相比,教师在其科目中更具资格和专业性。本级别提供不同的课程和类型的课程。一般而言,完成三级教育是进入高等教育课程的最低要求。该子类中的服务包括教育,使参与者无需进一步培训即可直接进入特定职业。成功完成此类计划,可获得与劳动力市场相关的职业资格。
	924			专上教育非高等教育服务(post-secondary non-tertiary education services)

类 (categories)	组 (group)	级别 (class)	次级 (subclass)	名称 (title)
		9241	92410	一般的专上非高等教育服务(post-secondary non-tertiary education services, general) 该子类包括: 课程的教育服务("国际教育标准分类法"4级),虽然在学生完成高中教育后发生,但不能被视为高等教育,因为这些课程在内容方面并不比高中课程更先进。它们要么是引导学生进入劳动力市场的短期职业课程,要么是具有大量理论背景教学的课程。这些课程专门为学生进入高等教育做好准备,如果他们之前已经遵循了课程("国际教育标准分类法"3级),但缺乏必要的内容。他们有权进入高等教育课程。该子类中的服务包括未明确设计的教育,以使参与者为特定职业类别或行业做准备或进入进一步的职业或技术教育计划。
		9242	92420	中学后非高等教育服务、技术和职业(post-secondary non-tertiary education services, technical and vocational) 该子类包括: 课程的教育服务("国际教育标准分类法"4级),虽然在学生完成高中教育后发生,但不能被视为高等教育,因为这些课程在内容方面的程序并不比高中课程更先进。它们要么是引导学生进入劳动力市场的短期职业课程,要么是具有实质性的课程理论背景教学。这些课程专门为学生进入高等教育做好准备,如果他们之前已经遵循了课程("国际教育标准分类法"3级),但缺乏必要的内容。他们有权进入高等教育课程。该子类中的服务包括教育,使参与者无需进一步培训即可直接进入特定职业。成功完成此类课程可获得与劳动力市场相关的职业资格。
	925			高等教育服务(tertiary education services)
		9251	92510	第一阶段的高等教育服务(first stage tertiary education services) 该子类包括: 提供大学学位或同等学历的教育服务。这些教育服务在大学、学院和类似的高等教育机构提供。

续表

类 (categories)	组 (group)	级别 (class)	次级 (subclass)	名称 (title)
		9252	92520	第二阶段的高等教育服务(second stage tertiary education services) 该子类包括: 高等教育课程的教育服务,最后是高级研究资格,如博士学位。
	929			其他教育和培训服务(other education and training services and educational support services)
		9291		其他教育和培训服务(other education services)
			92911	文化教育服务(cultural education services) 1. 该子类包括: 　(1) 钢琴和其他音乐指导; 　(2) 艺术指导; 　(3) 舞蹈教学和舞蹈工作室; 　(4) 除学术外的艺术指导; 　(5) 摄影指导。 2. 该子类不包括: 　关于上述内容的正式指导,可获得专业文凭或学位,可归入次级 925*。
			92912	体育和娱乐教育服务(sports and recreation education services) 该子类包括体育营地和学校的体育指导服务,或由专业体育指导员、教师或教练组成的个人团体。它不包括学术学院,学院和大学提供此类服务。 1. 该子类包括: 　(1) 体育教学(棒球、篮球、板球、足球、曲棍球、网球、花样滑冰等); 　(2) 营地,体育指导; 　(3) 体操指导; 　(4) 骑马指导; 　(5) 游泳指导; 　(6) 武术教学; 　(7) 纸牌游戏指令(如桥牌); 　(8) 瑜伽教学。 2. 该子类不包括: 　(1) 娱乐或度假营地,包括体育训练或指导,可归入次级 63130; 　(2) 学术、学院或大学的偶然体育和娱乐教学,可归入次级 921925。

类 (categories)	组 (group)	级别 (class)	次级 (subclass)	名称 (title)
			92919	其他教育和培训服务（other education and training services，n. e. c.） 1. 该子类包括： 　（1）汽车、公共汽车、卡车和摩托车驾驶执照培训； 　（2）飞行证书和船舶执照培训； 　（3）计算机培训服务； 　（4）管理培训服务； 　（5）音乐营地、科学营地、计算机营地和其他教学营地提供的服务，体育除外； 　（6）不能按级别定义的教育服务。 2. 该子类不包括： 　（1）与成人扫盲计划有关的服务，可归入次级92200、92310； 　（2）与普通教育系统相当的高等教育服务，可归入次级924、925； 　（3）学术以外的文化教育服务，可归入次级92911； 　（4）教练等提供的教育服务，作为体育活动的一部分，可归入次级92912。
		9292	92920	教育支持服务（educational support services） 该子类包括： 支持教育过程或系统的非教学服务，例如： （1）教育咨询； （2）教育指导咨询服务； （3）教育测试评估服务； （4）教育测试服务； （5）组织学生交流计划。

注：＊学术、学院或大学的偶然体育和娱乐教学，可归入次级921—925。

资料来源：作者根据联合国中心产品目录整理而成，参见 https://unstats.un.org/unsd/classifications/family/detail/1074。

第3章
自由贸易协定下的教育服务贸易

    自由贸易协定的基本参与主体是主权国家,它是主权国家之间基于各自的实际和需求,在平等协商和互惠互利基础上达成的一揽子优惠经贸协定。协定中各产业或服务业的开放安排和开放政策,一方面是该国在相应领域实力的体现,通常而言,该行业越发达,该国在相关谈判和协定制定中越占优势,这种优势可以是现有的,也可以是潜在的;可以是需求端的,也可以是供给端的。另一方面,协定中各行业的开放承诺是一揽子方案,存在策略性安排和对多方利益诉求的统筹考虑,因此并不能完全体现该国在某一行业的发展情况。更进一步考虑,协定具有可调整性,各国会根据实际发展情况对协定的相关规定进行必要修改。

    在此基础上,认识自由贸易区提升战略下的教育服务贸易,还必须把握四个核心要素。

    一是教育服务在国内的发展程度,在根本上决定了其在自由贸易区中的表现。美国高等教育在质量和类型方面都具有很强的竞争力,其他国家较难撼动其在吸引留学生方面的优势。澳大利亚高等教育在质量方面略逊一筹,但是其将高等教育留学服务作为一项重要的国家经济发展战略,较为完善管理机制、便利的服务、相对较低的学费标准等,均构成澳大利亚留学教育服务的竞争优势;这些看似对外的举措,实际上也是对内的,澳大利亚高等教育的国际化水平在此过程中得到极大提升。印度是近年来发展较快的留学服务输出国,这与印度国内高等教育私有化改革有密切联系。

    二是自由贸易协定中的教育服务贸易开放政策是一种策略性安排,并非国内教育发展程度较高,开放程度就较高;反之亦然。一些国家会从保护本国行业的角度限制开放程度;一些国家则希冀通过开放来扩大优质教育资源或多样化教育服务供给;另有一些最不发达国家,其自身的教育供给能力难以满足国内需求,因此它们的教育服务开放程度一般比较大。教育服务涉及文化、意识形态等一些敏感领域,很多国家在此方面采取谨慎态度也就不足为奇了。在自由贸易区谈判进程中,对不同行业的开放承诺也会有策略性安排。

三是自由贸易区的教育服务开放程度不是一成不变的。在后文分析中我们可以看到,一个国家在不同的自由贸易协定中采取了不同的教育服务开放承诺,在相同自由贸易协定的原版和升级版中,采取了不同的开放承诺。这背后当然涉及国家间关系的变化、相关行业发展情况的变化,以及不可忽视的技术发展变化。

四是自由贸易区教育服务总体上服务于国家战略,但存在缺位和不到位等情况。国家战略对一个行业的发展至关重要,但这一论断不能否定另一个事实,就是该行业主动对接、服务、支撑,甚至引领国家发展战略的能力,在很大程度上决定了其在国家战略中的"显示度"。澳大利亚的留学产业并非一开始就较为发达,而是澳大利亚高等教育界、政府、商贸领域等利益相关方经过充分研究后作出的策略选择。在澳大利亚自由贸易协定的谈判中,高等教育领域的表现非常主动,贡献了更多积极方案。另一个具有代表性的例子则是阿联酋和卡塔尔。形容这两国在白纸上书写了国际教育服务贸易发展的奇迹并不为过,从高等教育的洼地到区域教育的高地只用了几十年的时间。两国的涉外政策中除了传统的油气"王牌"外,还多了教育服务这一"筹码"。相较而言,有些国家的教育服务贸易在涉外政策中的"显示度"并不高,其可以发挥的潜力远没有被充分激发。这固然受到很多因素的影响,但该国教育行业自身存在的问题无疑是不能忽略的。

3.1 自由贸易协定下的教育服务开放承诺

2002 年,中国第一个自由贸易协定达成,开启了中国自由贸易区建设新征程。二十多年来,中国自由贸易区"朋友圈"不断扩大。截至 2023 年 10 月 17 日,中国已签署 22 个自由贸易协定。这 22 个自由贸易协定分别是,中国-塞尔维亚自由贸易协定、中国-尼加拉瓜自由贸易协定、中国-厄瓜多尔自由贸易协定、RCEP 协定、中国-柬埔寨自由贸易协定、中国-毛里求斯自由贸易协定、中国-马尔代夫自由贸易协定、中国-格鲁吉亚自由贸易协定、中国-澳大利亚自由贸易协定、中国-韩国自由贸易协定、中国-瑞士自由贸易协定、中国-冰岛自由贸易协定、中国-哥斯达黎加自由贸易协定、中国-秘鲁自由贸易协定、中国-新西兰(含升级)自由贸易协定、中国-新加坡(含升级)自由贸易协定、中国-智利(含升级)自由贸易协定、中国-巴基斯坦(含第二阶段)自由贸易协定、中国-东盟(含"10+1"升级)自由贸易协定,以及内地与港澳更紧密的经贸关系安排。

除此之外,还有 10 个正在积极推进谈判的自由贸易协定(中国-海湾合作委员会自由贸易协定、中日韩、中国-斯里兰卡自由贸易协定、中国-以色列自由贸易协定、中国-挪威自由贸易协定、中国-摩尔多瓦自由贸易协定、中国-巴拿马自由贸易协定、中国-韩国自由贸易协定第二阶段谈判、中国-巴勒斯坦、中国-秘鲁自由贸易协定升级谈判),以及 5 个正在研究制定的自由贸易协定(中国-哥伦比亚自由贸易协定、中国-斐济自由贸易协定、中国-尼泊尔自由贸易协定、中国-巴布亚新几内亚自由贸易协定、中国-加拿大自由贸易协定、中国-孟加拉国自由贸易协定、中国-蒙古国自由贸易协定、中国-瑞士自由贸易协定升级联合研究)。

这些自由贸易协定中,几乎都有服务贸易相关内容。其中涉及教育服务贸易的包括中国-毛里求斯自由贸易协定、中国-格鲁吉亚自由贸易协定、中国-韩国自由贸易协定、中国-秘鲁自由贸易协定、中国-新加坡自由贸易协定、中国-巴基斯坦自由贸易协定、中国-柬埔寨自由贸易协定、中国-澳大利亚自由贸易协定、中国-瑞士自由贸易协定、中国-哥斯达黎加自由贸易协定、中国-智利自由贸易协定、中国-东盟自由贸易协定,以及 RCEP 协定。除了 RCEP 协定和中澳自由贸易协定之外,其他的自由贸易协定中均采用了正面清单模式。在 RCEP 中,有的国家沿用了正面清单模式,还有 7 个国家已经采取负面清单模式。本书将除了 RCEP 协定外自由贸易协定中包含教育服务的具体承诺进行了归纳整理(本章附表 1),并将各国基于不同自由贸易协定的开放教育服务情况和开放方式进行了统计(表 3.1)。

表 3.1 不同自由贸易协定下各国教育服务开放情况简表

序号	国　家	RCEP 协定		中国-东盟自由贸易协定		同中国签订的自由贸易协定		GATS	
		是否作出承诺	形式	是否作出承诺	形式	是否作出承诺	形式	是否作出承诺	形式
1	澳大利亚	是	负面清单	非成员		是	负面清单	是	正面清单
2	日本	是	负面清单	非成员			—	是	正面清单
3	韩国	是	负面清单	非成员		是	正面清单	否	无
4	新西兰	是	正面清单	非成员		是	正面清单	是	正面清单
5	新加坡	是	负面清单	是	正面清单	是	正面清单	否	无
6	柬埔寨	是	正面清单	是	正面清单	是	正面清单	是	正面清单
7	文莱	是	负面清单	否	无		—	否	无
8	印度尼西亚	是	负面清单	否	无		—	否	无
9	老挝	是	正面清单	否	无		—	是	正面清单
10	马来西亚	是	负面清单	是	正面清单		—	否	无
11	缅甸	是	正面清单	否	无		—	否	无
12	菲律宾	是	正面清单	否	无		—	否	无
13	泰国	是	正面清单	是	正面清单		—	是	正面清单
14	越南	是	正面清单	是	正面清单		—	是	正面清单
15	毛里求斯	非成员		非成员		是	正面清单	否	无
16	格鲁吉亚	非成员		非成员		是	正面清单	是	正面清单
17	秘鲁	非成员		非成员		是	正面清单	否	无
18	巴基斯坦	非成员		非成员		是	正面清单	否	无
19	瑞士	非成员		非成员		是	正面清单	是	正面清单
20	哥斯达黎加	非成员		非成员		是	正面清单	是	正面清单

续表

序号	国　家	RCEP 协定		中国-东盟自由贸易协定		同中国签订的自由贸易协定		GATS	
		是否作出承诺	形式	是否作出承诺	形式	是否作出承诺	形式	是否作出承诺	形式
21	智利	非成员		非成员		是	正面清单	否	无
22	厄瓜多尔	非成员		非成员		尚不确定①		否	无
23	冰岛	非成员		非成员		否	无	否	无
23	尼加拉瓜	非成员		非成员		否	无	否	无
25	马尔代夫	非成员		非成员		是	正面清单②	否	无

注:①协议文本尚未公布,根据商务部相关报道,双方同意在农业、渔业和水产养殖、中小企业、出口促进、旅游、科技与创新、教育、文化、传统医学、环境等领域鼓励政府主管部门、产业界和相关机构开展合作。参见:http://fta.mofcom.gov.cn/article/chinaecuador/chinaecuadornews/202305/53916_1.html。②协议文本尚未公布,但根据商务部相关报道,马尔代夫在研发服务、增值电信服务、成人教育服务等领域作出了市场开放和国民待遇承诺,参见:http://fta.mofcom.gov.cn/article/chinamedf/chinamedfnews/201712/36400_1.html。

资料来源:作者根据相关资料整理而得。

3.2　自由贸易协定下教育服务开放承诺的方式

总的来看,自由贸易协定中教育服务开放承诺的方式有正面清单模式、负面清单模式和混合清单模式三种。

根据缔约方承诺列表模式,国际服务贸易的开放承诺可以分为两种类型:一是以 GATS 为代表的正面清单型,二是以 NAFTA 为代表的负面清单型。

正面清单型采取正面清单列表,或称自下而上的(bottom-up)承诺模式,其适用基础是只有那些列入清单的部门才有开放义务,其他所有未列举的部门均不开放。该模式的基本假设是,通过谈判产生的服务市场开放承诺对应着贸易自由化的某个阶段,缔约方在未来将继续谈判,通过改进现有承诺逐步提高服务自由化水平。在 GATS 正面清单模式下,缔约方根据四种服务提供方式在服务部门列出其针对市场准入和国民待遇所作出的具体承诺,并受列表中规定的限制和条件的约束。

负面清单型采用负面清单列表,或称自上而下的承诺模式。这种模式的基本假设是,除非通过谈判进行排除,否则缔约方的所有服务部门均将完全自由化。除承诺表中明确列出的保留措施外,缔约方遵守其在相关协议中涵盖服务部门的开放义务。采用负面清单型开放承诺的协定,通常规定对不符措施进行审查和对承诺不断改进,并采用包含自动锁定缔约方未来单边自由化措施的棘轮机制(ratchet mechanism),以实现更高水平的自由化。[1]

正面清单模式和负面清单模式都有较为广泛的应用。一般来说,正面清单模式适合渐进式的自由化进程安排,负面清单模式则适合高水平的自由贸易协定;发展中国家更多倾向于采用正面清单模式,发达国家或高水平的自由贸易协定,则更多采取负面清单模式。随着全球贸易协作的不断深化,各方在使用列表的方法上趋于灵活和创新,出现了混合清单模式。这种模式兼具上述两种类型的特点,但具体形式并不固定。常见情形是缔约方对于跨境服务贸易承诺采取正面清单形式,而对投资承诺采用负面清单形式;另一种形式则是缔约方遵循不同列表方法而选择不同的自由化模式。

在 RCEP 协定中,有一些国家采用了正面清单方式承诺服务的开放部门,也有一些国家采用负面清单模式。整体来看,RCEP 协定是一种混合式自由贸易协定。中国-澳大利亚自由贸易协定也可以算作是一种混适式自由贸易协定。

3.3 自由贸易协定下教育服务开放承诺的特点

(1)各国开放领域和开放程度差异较大,需要根据各国具体承诺确定。总体

---

[1] Pierre Latrille, "Services Rules in Regional Trade Agreements: How Diverse or Creative are They Compared to the Multilateral Rules?" in Rohini Acharya(ed.), *Regional Trade Agreements and the Multilateral Trading System*, Cambridge University Press, 2016, pp.421—429.

来看,各国教育服务贸易的开放程度有很大差异且没有一致规律。国家发展程度、贸易结构、产业发展程度等与开放程度之间没有必然联系,有的发展中国家的教育服务开放程度要超过发达国家,有的发展中国家则选择不开放教育服务;而在教育服务相对发达的国家中,有的选择对教育服务采取较高的开放程度,有的则保留了很大的开放空间。一些国家对一部分教育服务的开放程度较高,但其他国家则完全采取另外一种做法。确定一国的教育服务开放情况,最终还是要以该国的具体承诺为准。

各国的开放领域和开放程度、市场准入和国民待遇义务是要通过谈判,由各成员具体确定其适用范围的。各成员方有权决定在其具体承诺表中列入承担市场准入和国民待遇义务的服务部门及服务提供方式,并可以就此提出一定的条件和限制。承诺表有正面清单和负面清单两种具体方式。对于采用正面清单的国家来说,该国承诺表中具体列明各类市场准入限制、国民待遇及其他任何限制;各国可以自由地设定标准和资格要求,只要同等适用于国内外服务提供者即可。对于采用负面清单的国家来说,只要清单中没有涉及的领域,就是开放领域。

可以说,各国教育服务开放情况是"因国而异"和"因表而异"的,各成员承诺表的内容不尽相同,离开了各成员的具体承诺,就无法对其教育服务开放情况作出全面、准确和具体的把握。

(2)通过界定公立教育和私立教育,界定承诺开放的范围。一些国家的公立教育和私立教育实施不同的开放政策,总的来看,公立教育不开放、较少开放,或者开放限制条件较高;私立教育开放程度较高、开放领域较大,开放限制较少。

在中国-格鲁吉亚自由贸易协定中,格鲁吉亚的中等教育服务和高等教育服务的开放仅限于私营领域。在中国-韩国自由贸易协定中,韩国高等教育服务的开放,仅限于获得政府或公共机构认证许可的私立高等教育机构可提供高等教育服务。在中国-秘鲁自由贸易协定中,秘鲁教育服务的开放承诺不适用于公共教育和公共培训服务。与此类似,巴基斯坦的高等教育服务排除公立机构,瑞士、哥斯达黎加的全部教育服务开放都限定在私人教育领域。马来西亚的高等教育服务开放限定在由私人资金筹建的高等教育机构提供的高等教育服务,等等。

对于公立、私立的划分标准,各国略有不同。格鲁吉亚、韩国、瑞士、新西兰等采用的是"肯定法",即声明开放承诺仅限私营、私立领域。秘鲁、巴基斯坦等采用的是"否定法",即声明开放程度不适用于公立教育,或者是开放承诺排除公立教育机构。哥斯达黎加则表述为"仅包括由私有资金支持的教育服务"。还有一种方式是在国民待遇领域对公立教育进行保留。例如,毛里求斯声明,补贴仅保留给本国国民,优惠可以授予提供公立学校教育服务的国民,补助金和奖学金可仅给予国民。巴基斯坦则对国民补贴不作承诺。

(3) 通过界定是否颁发学位,界定承诺开放的范围。通过是否授予学位区分开放程度,也是常用的一种方式。总的来看,有部分国家对授予国家认可学位的教育机构,采取较为严格的开放政策。例如,韩国规定,高等教育服务指由获得政府或公共机构认证许可的私立高等教育机构提供高等教育服务,并授予学位;且在国内外其他高等教育机构获得认证的学分不得超过毕业所需总学分的一半。新加坡规定,所有的教育服务开放承诺,均不适用于获得新加坡的大学学历。巴基斯坦规定,非公立高等教育机构提供者提供的跨境项目、学位和资格服务必须由巴基斯坦高等教育委员会承认。

(4) 通过规定教育服务的内容,界定承诺开放的范围。依据教育服务内容对开放范围进行界定,是不少国家采用的方式,该方式主要运用在高等教育、其他教育和成人教育领域。例如,在中国-韩国自由贸易协定中,韩国的高等教育服务排除与健康和医学相关的教育,培养未来学前、中小学老师的教育,法律专业研究生教育,以及广播、通信和网络大学教育。在中国-新加坡自由贸易协定中,新加坡承诺开放的其他高等教育服务包括传统中医教育服务、中文培训服务及中文教育测试服务。越南的教育开放,只涉及技术和技能、自然科学和技术、商务管理和研究、经济学、会计学、国际法和语言培训等领域的教育服务,且上述专业的课程种类和课程内容必须得到相关教育主管部门的审批。马来西亚规定,当教育机构外资股份超过 49％时,需要对包括教育内容在内的一些情况进行审批。

其他教育服务因为品种繁多、提供方式多样,且新兴教育服务业态在尚未明确归类前均属于此类,所以很难用统一的方式对其进行规定。很多国家选择通过详细列举允许开放的服务内容来界定本国在此领域的开放范围。例如,泰国的其他教育服务限定于中文教育服务,越南的其他教育服务限定于外语培训服务。新西兰的其他教育服务包括:私立专业语言机构提供的培训、私立中文考试中心提供的语言评估服务,以及新西兰义务教育体制之外私立专门机构为中学、小学提供的课程辅导。瑞士的其他教育服务包括汉语和烹饪教育服务。新加坡的其他教育服务包括传统中医教育服务、中文培训服务及中文教育测试服务。秘鲁的其他教育服务仅指烹饪培训、语言培训（包括中文培训）、中国武术培训、中医培训等。

3.4　自由贸易协定谈判中的教育服务贸易

　　谈判在自由贸易区的建立过程中具有重要作用。谈判进程通常需要经历许多轮次，谈判有的相对顺利，有的则时间较长，可谓旷日持久，还有的谈判无果而终。在这个讨价还价的进程中，谈判各方就各自诉求进行充分的博弈和协商，利益相关方也会以各种形式参与谈判。此外，谈判的方法和技巧、谈判人员的能力和素质、谈判前的准备与筹划等，也会对谈判结果有深刻影响。

　　2015 年国务院印发的《关于加快实施自由贸易区战略的若干意见》指出：要增强自由贸易区谈判人员配备，加大对外谈判人员教育培训投入，加强经济外交人才培养工作，逐步建立一支政治素质好、全局意识强、熟悉国内产业、精通国际经贸规则、外语水平高、谈判能力出色的自由贸易区谈判人才队伍；积极发挥相关领域专家的作用，吸收各类专业人士参与相关谈判的预案研究和政策咨询。

　　从谈判的角度对教育服务贸易进行分析，不仅可以清晰看出各国在教育服务方面的利益诉求，如何阐释和实现诉求，也可从一个国家发展国际经贸宏观政策的角度分析，其如何协调与平衡不同行业的发展，如何界定不同行业在国际贸易中的先后主次。

3.4.1　中国-澳大利亚自由贸易协定谈判中的教育服务贸易

　　中国-澳大利亚自由贸易协定（以下简称中澳自贸协定）的磋商始于 2004 年，于 2014 年 10 月结束，2015 年 12 月 20 日生效，其间共经历了 21 轮谈判。

　　澳大利亚政府在中澳自贸协定谈判前和谈判期间，由澳大利亚外交和贸易部（DFAT）开放接收各方针对此协定的意见和建议，并与利益相关方进行磋商。根据澳方披露的资料,此自贸协定共接收到 260 多份公众意见书,与利益相关方进行了约 710 次直接磋商。这些提交的意见内容既包括个人、团体对特定主题的看法,也包括来自各个行业协会、企业协会、科研机构等组织关注的议题。同时,澳大利亚政府直接或委托专业机构,对中澳自贸协定带来的影响进行了很多专业分析。

教育服务是这些意见书和分析报告的一个重要方面。澳大利亚普遍认识到,中国在教育服务方面存在巨大需求,而澳大利亚在教育服务方面具有显著优势。如果能连接和推进这种供需关系,对两国来说都是有较大收益的。所以,意见书和报告中有不少论述涉及如何在中澳自贸协定谈判中增加教育服务的内容,以及如何发展中澳的教育服务。

例如,西澳大利亚教育和培训部(Department of Education and Training, Western Australia)提出,虽然澳大利亚接收了大量中国留学生,但这些学生主要集中在高等教育领域;中国对职业教育和培训(VET)有很大的兴趣,该领域有很大发展潜力,但是中澳之间对于 VET 相关资质的认可仍然缺乏有效的沟通;为此建议澳大利亚政府与中国政府在中澳自贸协定谈判中增加关于职业教育相关资质认可的谈判进程,促进相关协议的达成。①

中国澳大利亚商会(The China-Australia Chamber of Commerce)针对教育领域提出了诸多建议。例如,中国现行法律不允许澳大利亚大学和教育企业建立外商独资的教育机构,并严格限制该领域合资公司的形式和行为,这在一定程度上限制了一些澳大利亚教育机构在中国的发展。在澳大利亚投资的学前教育机构中,相关工作人员在获得工作签证方面有较大困难。现行的国际支付及相关税率标准给跨国企业的运作造成很大的成本负担,中国对本国企业和外国企业在税率的统一适用方面仍有不少问题。外商投资的教育机构不能直接进口教材,而必须经由中国政府指定的进出口公司进行;且这些教育机构无法出版教科书以及获得中国出版书号。澳大利亚的教育机构不能独立进行招生等方面的宣传,必须依靠中国指定的有限的中国中介机构来进行。中澳两国在一些教育和职业资格认证方面仍有很大空白,如大批符合澳大利亚相关标准的护士无法在中国执业。②

① https://www.dfat.gov.au/sites/default/files/6NSE_01_DET_WA.pdf.
② https://www.dfat.gov.au/sites/default/files/cfta_submission_1bu03.pdf.

《澳中自由贸易协定可行性研究》报告指出,两国如果达成自由贸易协定,寻求消除限制跨境供应、商业存在和教育专业人员流动的监管或其他障碍,进一步促进专业和学术资格的相互承认,将会对两国教育服务的发展带来较大益处;中澳双方都能够从自由贸易协定中获得较大收益,而且越快推进服务和货物贸易的自由化,越能带来更多的净增长;两国服务业生产率的提高,以及其带来的更高预期投资回报率,还能够吸引世界其他地区的更多资本流入。①

经过中澳两国的协商,最终中国在中澳自贸协定的服务贸易具体承诺减让表中明确,同意在一年内,审查、评估并在中国教育部涉外教育监管网上新增在澳大利亚联邦政府招收海外学生院校及课程注册登记(CRICOS)注册的、根据澳大利亚法律设立的、能够授予澳大利亚教育管理机构认可的学历学位证书的 77 家澳大利亚高等教育服务提供者名单。两国签署的谅解备忘录明确,两国确保提高高等教育资格认可,并加强学生、研究人员和学者在学校、高等教育和研究层面的流动性;中国政府和澳大利亚政府还同意,澳大利亚教育培训司和中国教育部将继续讨论促进两国师生交流、增加澳大利亚教育机构在中国的营销和招聘机会的相关方案。②

通过前述分析可见,两国的教育服务贸易主要集中在境外消费,即留学教育方面。澳大利亚最主要的利益诉求,是尽可能地吸引中国留学生,并获得中国对澳大利亚高等教育资质的认可。澳大利亚在谈判中特别关注中国教育部涉外教育监督网上列明的澳大利亚高等教育服务提供者名单。因为该名单是中国学生赴澳大利亚留学选择院校时的重要参考,该名单院校所提供的学历学位证书是能够获得中国相关部门认可的。因此,该名单对澳大利亚来说具有极大的商业利益。至于推进两国师生的交流、增加澳大利亚教育机构在中国的营销和招聘机会等等,其根本目的还是发展留学教育。澳大利亚在一项旅游服务领域的意见征集中曾提出,发展赴澳大利亚旅游能够有效促进赴澳大利亚留学的发展,也说明了这一点。

虽然澳大利亚是全球国际分校输出数量较多的国家,但其在中国的国际分校建设相对较少,在中国内地有两所,中国香港有一所。相较而言,其在新加坡建有 4 所分校、马来西亚 3 所、阿联酋 3 所、越南 2 所,就数量和集中程度而言,它们都要优于

---

① https://www.dfat.gov.au/sites/default/files/feasibility_full.pdf.

② https://www.dfat.gov.au/sites/default/files/chafta-side-letter-on-education.pdf.

中国。这表明澳大利亚针对不同国家发展国际教育服务贸易的形式是不同的,对中国是优先和主要使用留学教育形式,对前述几个国家则是采用输出国际分校的形式。

3.4.2 澳大利亚-印度全面经济合作协议中的教育服务贸易

澳大利亚-印度全面经济合作协议(Australia-India Comprehensive Economic Cooperation Agreement,CECA)是谈判仍在进行中的自由贸易协定。2021 年 9 月澳大利亚印度商会(The Australia India Chamber of Commerce Limited,AICC)与澳大利亚前总理兼驻印度特贸特使托尼·阿博特(Tony Abbott)召集相关人士,就 CECA 谈判的相关问题召开了圆桌会议。会议对包括教育服务在内的诸多澳印双方关注的合作议题进行了沟通。在教育服务贸易领域,有以下主要内容。

(1)与会人员肯定教育服务贸易对双方的重要价值。与会各方赞同,澳大利亚的国际教育服务是增加对印度出口的重要领域,国际教育服务将是澳大利亚国际贸易发展和繁荣的重要支撑。同时,教育服务对印度来说也是至关重要的。印度具有很大的教育需求,但印度无法独自满足。作为世界一流的教育提供者,澳大利亚完全有能力填补印度教育服务供给的不足。

(2)澳印双方在教育服务领域具有广阔合作空间,具体包括:澳大利亚的高校可以直接招收印度的大学生,澳印双方可以开展多种联合研究,澳方可以支持印度的中等教育、职业教育和在线教育。

(3)澳印双方就教育服务领域的若干问题进行沟通。一是双向人员流动。CECA 是否以及如何推进技术工人及专家的双向流动。二是在线教育。澳大利亚教育系统职业与继续教育(TAFE)通过在线形式进行技能培训,CECA 是否以及如何推进两国高等教育加强在在线教育领域的合作,从而为 4 亿印度人提供在线教育。三是相关监管机制的建设。双向人员流动、在线教育等的实现,需要相关监管机制的保障。特别是数据传输与保护、数字税、电子传输关税、网络与数据安全等方面的监管机制,需要在双边协议中加以完善。[①]

可见,澳印两国对发展国际教育服务贸易均较为重视。印度的优势在于其拥

---

① https://www.dfat.gov.au/sites/default/files/ceca-submission-aicc-university-adelaide.pdf.

有巨大的教育市场,其需求一方面是弥补教育服务供给的不足,另一方面是通过在线教育形式提升教育发展水平并丰富教育服务类型。澳大利亚的优势在于较强的教育服务供给能力,其需求已经不满足于吸引印度的留学生,而是希望在联合研究、在线教育、人员流动等方面有新的突破。

澳大利亚印度商业委员会(Australia India Business Council,AIBC)在向澳大利亚政府递交的意见书中则更加详细地分析了赴印度设立分校过程中的挑战。

AIBC 首先分析了当前澳大利亚在印度教育市场中的地位。尽管印度的教育市场潜力巨大,但是澳大利亚贸易委员会估计,澳大利亚仅占印度国际学生市场5%的市场份额,大多数印度学生更愿意去美国和英国的院校就读。印度企业和高等教育机构对澳大利亚学位与课程的质量及类型的认识也相当低。此外,印度的高等教育机构比澳大利亚的高等教育机构更有可能与美国和英国的机构建立学术合作伙伴关系,这不仅是因为印度高等教育机构的认可,还因为它们及印度政府为此提供了支持和援助。

其次,AIBC 提出目前澳大利亚在印度推进教育服务发展遭遇了重要挑战。收入或资金汇回是澳大利亚赴印度开展教育服务最大的困难之一。印度的教育被视为经济中的非营利部门,因此几乎所有吸引在印度支付报酬的境内活动都无法汇回这些资金,无论是为了支付产生在澳大利亚的费用,或者作为在印度提供的服务的利润。澳大利亚教育机构不得不限制或避免任何在岸教育活动,并且很难为在澳大利亚进行的合作研究项目吸引资金。即使根据《外国教育监管法案》(2010年),如果在印度设立机构,它们也需要维持约 450 万美元的主体基金,并将 75%的收入投资于印度校园的开发,其余的则返回到基金本身。这些限制以及缺乏从印度汇回资金的明确途径,限制了澳大利亚相关机构以获取利润为目的而在印度设立实体机构或在印度提供课程。

为此,AIBC 强烈建议在 CECA 谈判中,有必要就印度的资金流动途径进行商讨。如果这一问题得以解决,将有助于鼓励澳大利亚机构投资印度,从而帮助印度解决迫在眉睫的教育短缺问题。AIBC 的意见书中包含的其他问题还有签证便利程度不足、签证类型对学术交流支持不力、学历及教育资质认证较为混乱、知识产权保护机制不健全等。①

---

① https://www.dfat.gov.au/sites/default/files/australia-india-business-council-submission.pdf.

南澳大利亚教育协会对印度的教育需求、印度教育政策的发展导向、印度《外国大学方案》的立法进程及其对澳大利亚高校赴印度推进相关教育服务的影响等，进行了分析。①新南威尔士州贸易和投资部对澳印两国现有的教育合作情况进行了梳理，提出当前澳印两国在教育服务方面存在签证上的障碍、学历和教育资质认证障碍、投资印度教育机构的障碍，以及印度监管障碍尤其是中层官僚机构流程和审批的延迟、行政和审批流程复杂等一些问题。②

3.4.3　澳大利亚-海湾合作委员会自由贸易协定谈判中的教育服务贸易

澳大利亚与海湾合作委员会（Gulf Cooperation Council，GCC）的自由贸易协定谈判于 2007 年 7 月开始，共进行了四轮，最后一轮谈判于 2009 年 6 月举行。目前澳大利亚-海湾合作委员会自由贸易协定的谈判没有进一步的回合。

与中澳自贸协定谈判过程类似，DFAT 就可能与海湾合作委员会签订自由贸易协定的潜在机会和影响征求利益相关者的意见。在收到的众多意见中，澳大利亚大学和纽卡斯尔大学的意见书较有代表性。

在澳大利亚大学提交的意见书中，澳大利亚大学对发展针对海湾地区国家的教育服务贸易策略进行了细致论述。③澳大利亚大学提出，教育服务是澳大利亚最大的服务出口项目之一，教育服务出口为澳大利亚带来了丰厚的收益，2014 年 4 月，澳大利亚政府与阿联酋签署了高等教育、职业教育和培训以及研究的谅解备忘录，旨在加强澳大利亚与阿联酋的关系，推进澳大利亚在阿联酋的国际分校建设。但总的来看，澳大利亚与海湾地区国家在教育服务方面的联系还有待深入，2019 年只有 6 000 名来自海湾地区国家的学生在澳大利亚求学，其中多数为沙特阿拉伯公民；这些学生对澳大利亚教育服务出口的经济贡献约占 1%。海湾国家的国际分校发展较快，但澳大利亚的参与程度仍然较低。

关于自由贸易协定对教育服务的作用，澳大利亚大学提出自由贸易协定对推

---

① https://www.dfat.gov.au/sites/default/files/sa-education.pdf.

② https://www.dfat.gov.au/sites/default/files/nsw-trade-and-investment.pdf.

③ https://www.dfat.gov.au/sites/default/files/universities-australia-uae-cepa-and-gcc-fta-submission.pdf.

进国际教育服务的发展具有重要作用。一是能够减少人员跨境流动的障碍,延长在他国的停留时间,便于招收国际留学生;短期和长期学术流动也能从自由贸易协定中收益。二是对于有兴趣投资跨国教育,特别是通过开设国际分校的大学来说,自由贸易协定还将有助于促进市场准入,并可以减少现有的政策障碍。三是教育和职业资质的互认,有利于推进人员跨境任职。据此,澳大利亚大学建议 DFAT 在与海湾合作委员会的自由贸易协定中,关注和推进以下重点议题。(1)推进澳大利亚大学在海湾地区建立国际分校的市场准入,并提供相应保障。(2)减少学生、教师、研究人员及相关人员跨境流动的障碍,简化签证流程,增加在对方国家的停留时间;促进双方就移民等问题进行沟通,对现有移民政策进行修改。(3)增加澳大利亚的人员在海湾地区国家从事教育和研究等相关工作的机会。(4)推进双方在学历、教育和职业资质等方面的互认。(5)增进双方在知识产权、版权监督等议题上的交流合作。(6)推进双方在科学研究领域的合作,就双方共同关注的议题开展联合研究。(7)推进双方在跨文化领域的交流合作。

纽卡斯尔大学在阿联酋设有国际办事处,并有工作人员常驻。鉴于在该地的经验,纽卡斯尔大学提出,海湾地区国际教育的发展具有特殊性。海湾地区在国际学生的招收方面分为两种类型。一种是招收海湾地区各国的学生,这些学生通常可以得到海湾合作委员会的相关资助,阿曼、科威特和沙特阿拉伯是代表性国家。另一种是招收全球学生,特别是南亚学生,以阿联酋为代表。针对两种学生的教育服务发展策略是不同的,针对前一种类型的学生,澳大利亚的大学需要强化同当地政府的合作,明确政府和学生两方面的需求;而针对后一种类型的学生,澳大利亚的大学对于自身的宣传就非常重要了。

目前,澳大利亚有三所大学在阿联酋的迪拜开设了分校且运行较为良好。这三所分校为打造和提升澳大利亚教育的影响力作出了贡献。为了增进与阿联酋以及其他海湾地区国家的合作,纽卡斯尔大学提出,保持相关市场信息的更新是极为关键的;且这种畅通的信息沟通机制应当处于一个相对高的层面。只有及时获知对方在教育和培训方面的需求,澳大利亚相关机构才能做好教育和培训项目、课程、教材等方面的准备,以及调整和改善现有教育服务的相关内容。同时,这对于相关教育服务的投资者来说也具有重要意义。①保持信息畅通、建立市场信息共享

①　https://www.dfat.gov.au/sites/default/files/university-of-newcastle-uae-cepa-and-gcc-fta-submission.pdf.

机制,这个建议在澳大利亚大学的意见书中也有提及。澳大利亚大学建议建立高级别的信息沟通和共享机制,确保双方能够定期和及时获得市场信息,以便改善既有项目以及强化教育服务对特定需求的匹配程度。

3.4.4 中国-日本-韩国自由贸易协定中的教育服务贸易

中国-日本-韩国自由贸易协定(简称中日韩自由贸易协定)是中国、日本、韩国之间正在进行谈判的一个自由贸易协定。2010 年 5 月 6 日,中日韩自由贸易区联合研究首轮会议在韩国首尔举行;2012 年 11 月,中日韩自由贸易协定谈判正式启动;2019 年 12 月第 12 次中日韩经贸部长会议在北京举行。目前,相关谈判仍在进行中。

自 1998 年出台《外商投资促进法》(FIPA)以来,韩国就以负面清单方式开放服务业。根据该法,韩国政府每年都会发布"外商投资综合公告",用以公示限制或禁止外商投资的行业清单。由于韩国国内法对外国投资采取负面清单方式,未明确排除在外的服务业领域均向外国投资者和服务供应商开放。服务行业如医疗、卫生、通信、分销、教育以及一些金融和运输等都属于限制或禁止的范围。在中日韩自由贸易协定谈判中,韩国高度重视专业服务的自由化,但韩国认为应当在服务业自由化过程中,适当考虑医疗保健服务、社会服务、广播出版服务和教育服务等敏感部门。[①]

在中日韩自由贸易协定谈判中就进一步开放的优先领域问题,日本表示重视金融服务、ICT 及其相关服务、音视频服务、娱乐服务、海运服务和私立教育行业(private education industry),因为日本认为就三国之间的服务贸易而言,这些行业具有很大的增长潜力,能够进一步促进其经济的增长。同时日本主张应适当考虑敏感部门,如广播服务、公共教育服务(包括私营机构提供的服务)、保健和医疗服务等。中国则未对教育服务进行专门表态。

由此可见,中日韩三国对教育服务持有谨慎态度,未来三国有可能会在私立教育服务的开放领域有所突破。

---

① https://www.mofa.go.jp/mofaj/press/release/24/3/pdfs/0330_10_01.pdf.

3.4.5　《马来西亚-日本经济伙伴关系协定》中的教育服务贸易

马来西亚和日本于 2005 年签订了《马来西亚-日本经济伙伴关系协定》(Malaysia-Japan Economic Partnership Agreement，MJEPA)。MJEPA 是马来西亚的第一个全面贸易协定。

在谈判中，马来西亚建议马来西亚与日本公立大学和私立大学考虑在以下领域进行合作与协作：建立研发网络和实习计划，学分转移，学位相互承认，提供日本专家的协助，为马来西亚人在日本顶尖大学提供研究生奖学金，以及设立和维护研究实验室，等等。马来西亚还建议加强两国在以下感兴趣领域的合作，包括：交换英语和日语大师培训师，继续日本和马来西亚之间的学生交流，建立东盟地区教育政策研究中心，提供技术职业教育方面的咨询专业知识以及信息交流和共享。日本回应称，马来西亚是日本在东盟地区最大的留学生来源国。教育领域的合作对于加强经济伙伴关系非常重要，日本一直鼓励两国学生和学者的交流。①

可见，马来西亚对于日本的教育服务在很多方面表现出了比较强烈的需求。那日本是否在教育服务方面对马来西亚有更大的开放程度呢？通过对比日本在 MJEPA 中的教育服务开放承诺可见，日本针对马来西亚的教育服务的开放程度是远高于其基于 GATS 的，在很多领域甚至高于以负面清单呈现的在 RCEP 协定中的承诺。马来西亚在 GATS 中没有针对教育服务贸易作出开放承诺，但在 MJEPA 中对日开放了高等教育服务。

具体来看，日本对马来西亚开放了私立的学前教育、日托服务、初等教育服务。日本的私立幼儿园或日托机构，可以招收马来西亚籍的学生。在高等教育服务方面，日本向马来西亚开放了跨境支付、境外消费和自然人流动三种形式，而日本在 GATS 中是没有对任何一种作出开放承诺的。这种开放程度基本与日本在 RCEP 协定中以负面清单呈现的开放程度相同。日本针对马来西亚开放了"其他教育服务"(CPC 929)和全部的成人教育服务，且在市场准入和国民待遇方面的开放程度

---

① https://www.mofa.go.jp/region/asia-paci/malaysia/joint0312.pdf.

较高。这在 GATS 中也是没有的。

马来西亚没有在 GATS 中作出教育的开放承诺;而在 MJEPA 中,马来西亚开放了本国私立高等教育服务,特别是,马来西亚在跨境支付和商业存在领域有相对较大程度的开放。对于跨境支付来说,日本可以同马来西亚教育机构之间通过合作形式开展相关业务,这为日本开拓了新的市场;对于商业存在来说,日本可以在马来西亚投资设立高等教育机构,如果符合相应的标准,日本投资股权可以高于49%。马来西亚随后在第一批中国-东盟自由贸易协定中的开放承诺,与在MJEPA 的承诺基本相同;在第二批中国东盟自由贸易协定中,马来西亚进一步扩大了对外资占比的限制;在 RCEP 协定中,马来西亚则使用了负面清单方式,进一步扩大教育服务市场。

总的来看,马来西亚和日本在 MJEPA 中关于教育服务贸易的开放承诺,均高于之前其在多边贸易协定中的开放程度。从这一点上说,MJEPA 在促进贸易自由度的深化方面是有突出效果的。而且从两国后来在区域自由贸易协定中的开放承诺可以看出,一些国家的教育服务开放程度是呈现逐步扩大趋势的,且开放政策之间具有一定的延续性。

总的来说,日本和马来西亚在 MJEPA 中的教育服务开放具体承诺见表3.2。

表 3.2　日本和马来西亚在 MJEPA 中的教育服务开放具体承诺

国家	部门及限制条件		市场准入限制	国民待遇限制
日本	A. 私立教育服务	幼儿园提供的学前教育服务(CPC 92110**)	(1) 不作承诺* (2) 没有限制 (3) 没有限制 (4) 不作承诺	(1) 不作承诺* (2) 没有限制 (3) 没有限制 (4) 没有限制
		儿童日托服务(CPC 93321)		
		作为正规教育的初等教育服务(CPC 92110**、CPC 9219)	(1) 不作承诺 (2) 不作承诺 (3) 不作承诺,除非正式教育机构必须由学校法人设立 (4) 不作承诺	(1) 不作承诺 (2) 不作承诺 (3) 没有限制 (4) 不作承诺

续表

国家	部门及限制条件	市场准入限制	国民待遇限制
日本	B. 作为正规教育的中等教育服务（CPC 9221、CPC 9222、CPC 9223）	(1) 不作承诺 (2) 不作承诺 (3) 不作承诺,除非正式教育机构必须由学校法人设立 (4) 不作承诺	(1) 不作承诺 (2) 不作承诺 (3) 没有限制 (4) 不作承诺
	C. 高等教育服务(CPC 9231、CPC 9239)	(1) 没有限制 (2) 没有限制 (3) 不作承诺,除非正式教育机构必须由学校法人设立 (4) 没有限制	(1) 没有限制 (2) 没有限制 (3) 没有限制 (4) 没有限制
	D. 成人教育服务(CPC 924) E. 其他教育服务(CPC 929)	(1) 没有限制 (2) 没有限制 (3) 没有限制 (4) 没有限制	(1) 没有限制 (2) 没有限制 (3) 没有限制 (4) 没有限制
马来西亚	C. 高等教育服务 私立高等教育提供的高等教育服务,不包括拥有政府股权或接受政府援助的私立高等教育机构(CPC 92390)	(1) 不作承诺,外国机构和马来西亚教育机构之间的特许经营和结对安排除外 (2) 不作承诺,除移居国外的学生外 (3) 仅通过外国股本不超过 49% 的合资企业提供,其必须接受经济需求测试(包括吉隆坡境外的地点)和机构声誉评估 (4) 不作承诺,横向承诺中另有说明的除外	(1) 不作承诺 (2) 不作承诺 (3) 不作承诺 (4) 不作承诺

注：* 表示由于缺乏技术可行性而不作承诺。** 表示该代码的具体承诺并不包括该代码所涵盖的全部服务。

资料来源：根据 MJEPA 的内容整理而成,具体参见 https://www.mofa.go.jp/region/asia-paci/malaysia/epa/annex6.pdf。

附表 1 中国签订的自由贸易协定中涉及教育服务贸易的具体开放承诺简表

部门或分部门	市场准入限制	国民待遇限制	附加承诺
中国-毛里求斯自由贸易协定 补贴仅保留给本国国民； 优惠可授予提供公立学校教育服务的国民； 补助金和奖学金可仅给予国民			
A. 学前教育服务（CPC 921）	(1) 没有限制 (2) 没有限制 (3) 没有限制 (4) 除水平承诺中内容外，不作承诺	(1) 没有限制 (2) 没有限制 (3) 没有限制 (4) 除水平承诺中内容外，不作承诺	—
B. 初级教育服务（CPC 922）	(1) 没有限制 (2) 没有限制 (3) 没有限制 (4) 除水平承诺中内容外，不作承诺	(1) 没有限制 (2) 没有限制 (3) 没有限制 (4) 除水平承诺中内容外，不作承诺	
C. 高等教育服务（CPC 923）	(1) 不作承诺 (2) 没有限制 (3) 须遵守国内高等教育机构法律、法规的要求 (4) 雇佣专业人员的可能配额须视毛里求斯专业人员的供应情况而定	(1) 不作承诺 (2) 没有限制 (3) 须获得母国在国外设立高等教育机构相关批准 (4) 对本国机构和资格的承认	
D. 成人教育服务（CPC 929）	(1) 没有限制 (2) 没有限制 (3) 没有限制 (4) 除水平承诺中内容外，不作承诺	(1) 没有限制 (2) 没有限制 (3) 须经母国国资质认可和中国监管的相关承诺 (4) 除水平承诺中内容外，不作承诺	
E. 其他教育服务			
中国-格鲁吉亚自由贸易协定 A. 初级教育服务（CPC 922） B. 中等教育服务仅限私营（CPC 922*） C. 高等教育服务仅限私营（CPC 923*） D. 成人教育服务（CPC 929）	(1) 没有限制 (2) 没有限制 (3) 没有限制 (4) 除水平承诺中内容外，不作承诺	(1) 没有限制 (2) 没有限制 (3) 没有限制 (4) 除水平承诺中内容外，不作承诺	—

续表

部门或分部门	市场准入限制	国民待遇限制	附加承诺
中国－韩国自由贸易协定中韩方教育服务开放承诺 C. 高等教育服务（CPC 923*） 高等教育服务指由获得政府或公共教育认证机构的私立高等教育机构提供高等教育服务，并授予学位 不包括： (1) 与健康和医学相关的教育 (2) 培养未来学前、中小学老师的高等教育 (3) 法律专业研究生教育 (4) 广播、通信和网络大学教育	(1) 不作承诺 (2) 在全国内外其他高等教育机构获得认证的学分不得超过毕业所需总学分的一半 (3) 只有获得教育部批准的学校法人才能在教育部授权范围内设立教育机构（公司内部高等院校不需要设立学校法人） 　a. 只允许设立附件 1 中所列教育机构类型 　b. 首尔市区内，除科技大学和公司内部高校外的任何高等教育机构的设立、延期或转让都可能受到限制；专科院校一般专业与产业大学，学校长认为有必要与其合作机构的合作办学项目仅限于获得国外公共机构认可或政府认可或政府或推荐的大学		—

续表

部门或分部门	市场准入限制	国民待遇限制	附加承诺
	c. 在全国内外其他高等教育机构获得认证的毕业所需总学分的一半,教育部长会限制医学、兽医学、亚洲传统医学、药物学、医疗技术学及学前、中小学教育以及首尔市区内高等教育机构的数量 (4) 除水平承诺中内容		—
中国-韩国自由贸易协定中韩方教育服务开放承诺 成人教育服务(CPC 924*) 成人教育服务由私立成人教育机构提供,不包括: (1) 承认文凭,或授予国内外教育学分,或授予学历或学位证书 (2) 根据《劳动保险法》《改善二人和海员工作环境法》,由政府财政支持的职业培训服务 (3) 通过广播提供的教育服务 (4) 由政府授权机构专门提供的职业培训服务	(1) 对健康和医学相关的成人教育服务不作承诺 (2) 没有限制 (3) 包括三种情形: a. 只允许设立附件2中所列教育机构类型 b. 省级教育主管部门负责人可以调整私人辅导机构的学费 c. 首尔市区及其附近的教育机构的设立和或扩张可能受到限制 (4) 除水平承诺中内容外,不作承诺	(1) 与健康和医学相关的成人教育服务不作承诺 (2) 没有限制 (3) 不作承诺 (4) 除水平承诺中内容外,不作承诺。私立成人教育机构(hagwon)雇用的外国讲师必须至少拥有学士学位或同等学位文凭,并居住在韩国	—

续表

部门或分部门	市场准入限制	国民待遇限制	附加承诺
本部分承诺不适用于公共教育和公共培训服务			
A. 小学教育服务（CPC 921） B. 中学教育服务（CPC 922） C. 高等教育服务（CPC 923）	（1）不作承诺 （2）不作承诺 （3）不作承诺 （4）不作承诺	（1）不作承诺 （2）不作承诺 （3）没有限制 （4）不作承诺	—
D. 成人教育服务（CPC 924）	（1）不作承诺 （2）不作承诺 （3）不作承诺 （4）不作承诺	（1）不作承诺 （2）不作承诺 （3）没有限制 （4）除水平承诺中内容外，不作承诺	—
E. 其他教育服务（CPC 929） 仅指： （1）烹饪培训中心；（2）语言培训中心（包括中文培训中心）；（3）中国武术培训中心	（1）不作承诺 （2）不作承诺 （3）不作承诺 （4）不作承诺	（1）不作承诺 （2）不作承诺 （3）没有限制 （4）不作承诺	—
E. 其他教育服务（CPC 929） 仅指： （1）中医课程和研究生专业	（1）不作承诺 （2）不作承诺 （3）不作承诺 （4）不作承诺	（1）不作承诺 （2）不作承诺 （3）仅限于合法设立的秘鲁大学或研究生中心 （4）不作承诺	—

中国－秘鲁自由贸易协定

续表

部门或分部门	市场准入限制	国民待遇限制	附加承诺
5. 教育服务关于市场准入和国民待遇的任何服务提供方式的具体承诺,都不适用于以获得在新加坡执业的许可、注册或资格为目的的大学学历学位认证			
C. 其他高等教育服务,包括传统中医教育服务、中文培训服务及中文教育测试服务(CPC 923900)	(1) 没有限制 (2) 没有限制 (3) 除可报考医学学位的人数将依据总人数应量而受限制外,没有限制 (4) 除水平承诺中内容外,不作承诺	(1) 没有限制 (2) 没有限制 (3) 没有限制 (4) 不作承诺	—
D. 成人教育服务,包括传统中医教育服务、中文培训服务及中文教育测试服务(CPC 924 n. e. c.)	(1) 没有限制 (2) 没有限制 (3) 没有限制 (4) 除水平承诺中内容外,不作承诺	(1) 没有限制 (2) 没有限制 (3) 没有限制 (4) 不作承诺	—
E. 其他教育服务,包括传统中医教育服务、中文培训服务及中文教育测试服务(CPC 92900**)	(1) 没有限制 (2) 没有限制 (3) 没有限制 (4) 除水平承诺中内容外,不作承诺	(1) 没有限制 (2) 没有限制 (3) 没有限制 (4) 不作承诺	—

中国-新加坡自由贸易协定
中国-新加坡自由贸易升级版协定

续表

部门或分部门	市场准入限制	国民待遇限制	附加承诺
中国－巴基斯坦自由贸易协定 C. 高等教育服务(CPC 923),公立机构除外	(1) 没有限制,但高等教育项目、学位和资格服务必须由巴基斯坦高等教育委员会承认 (2) 没有限制 (3) 允许建立外资拥有多数股权的合资企业,但须经有关主管部门批准 (4) 除水平承诺中内容外,不作承诺	(1) 没有限制 (2) 没有限制 (3) 不作承诺 (4) 除水平承诺中内容外,不作承诺 (1)(2)(3)(4)补贴不作承诺	—
D. 成人教育(CPC 924) E. 其他教育服务(CPC 929)	(1) 没有限制 (2) 没有限制 (3) 允许建立外资拥有多数股权的合资企业,但须经有关主管部门批准 (4) 除水平承诺中内容外,不作承诺	(1) 没有限制 (2) 没有限制 (3) 不作承诺 (4) 除水平承诺中内容外,不作承诺 (1)(2)(3)(4)补贴不作承诺	—
中国－柬埔寨自由贸易协定 C. 高等教育服务(CPC 923) D. 成人教育(CPC 924) E. 其他教育服务(CPC 929)	(1) 没有限制 (2) 没有限制 (3) 没有限制 (4) 除水平承诺中内容外,不作承诺	(1) 没有限制 (2) 没有限制 (3) 没有限制 (4) 除与市场准入栏中所指类别的自然人有关的措施外,不作承诺	柬埔寨将根据教育和专业服务市场的需要,努力建立与国际惯例相适应的独立的国家认证程序

续表

部门或分部门	市场准入限制	国民待遇限制	附加承诺
私人教育服务			
A. 义务教育服务（小学和中学 I 阶段）(CPC 921 部分和 CPC 922 部分)	(1) 不作承诺 (2) 不作承诺 (3) 没有限制 (4) 不作承诺	(1) 不作承诺 (2) 不作承诺 (3) 没有限制 (4) 不作承诺	—
B. 非义务教育阶段的中学教育服务（中学 II 阶段）(CPC 922 部分) C. 高等教育服务 (CPC 923 部分) D. 成人教育服务 (CPC 924 部分) E. 其他教育服务包括： (1) 汉语； (2) 烹饪 (CPC 929 部分)	(1) 没有限制 (2) 没有限制 (3) 没有限制 (4) 除 I 部分中内容外，不作承诺	(1) 没有限制 (2) 没有限制 (3) 没有限制 (4) 除 I 部分中内容外，不作承诺	—
仅包括由私有资金支持的教育服务 A. 初等教育服务 (CPC 921) B. 中等教育服务 (CPC 922) C. 高等教育服务 (CPC 923) D. 成人教育服务 (CPC 924) E. 其他教育服务 (CPC 929)	(1) 不作承诺 (2) 没有限制 (3) 不作承诺 (4) 除水平承诺中内容外，不作承诺	(1) 不作承诺 (2) 没有限制 (3) 不作承诺 (4) 除水平承诺中内容外，不作承诺	—

中国－瑞士自由贸易协定

中国－哥斯达黎加自由贸易协定

续表

	部门或分部门	市场准入限制	国民待遇限制	附加承诺
中国-新西兰自由贸易协定	私立学校的初等、中等和高等教育服务(CPC 921，CPC 922，CPC 923)以下其他教育服务：私立专业言语语言培训；私立中文考试中心提供的语言评估服务新西兰专门机构之外私立专门机构为中、小学提供的课程辅导(CPC 925**)	(1) 没有限制 (2) 没有限制 (3) 没有限制	(1) 没有限制 (2) 没有限制 (3) 没有限制	—
中国-智利自由贸易协定	A. 中等岗位技术和职业教育服务(CPC 9231)	(1) 没有限制 (2) 没有限制 (3) 没有限制,但要求有具体的法律实体 (4) 除水平承诺中内容外,不作承诺	(1) 没有限制 (2) 没有限制 (3) 没有限制 (4) 除水平承诺中内容外,不作承诺	—
	B. 成人教育服务(CPC 924)	(1) 没有限制 (2) 没有限制 (3) 没有限制,但要求有具体的法律实体 (4) 除水平承诺中内容外,不作承诺	(1) 没有限制 (2) 没有限制 (3) 没有限制 (4) 除水平承诺中内容外,不作承诺	—

续表

本承诺表只涉及技术和技能、自然科学和技术、商务管理和研究、经济学、会计学、国际法和语言培训等领域的教育服务；在下表所列的 C、D、E 等三个分部门中，相关教育内容必须实现得到越南教育和培训部的审批

部门或分部门	市场准入限制	国民待遇限制	附加承诺
中国 – 东盟自由贸易区（含"10+1"升级） 中国 – 越南自由贸易协定 / B. 中等教育服务（CPC 922）	(1) 不作承诺 (2) 没有限制 (3) 不作承诺 (4) 除水平承诺中的内容外，不作承诺	(1) 不作承诺 (2) 没有限制 (3) 不作承诺 (4) 除水平承诺中的内容外，不作承诺	—
C. 高等教育服务（CPC 923） D. 成人教育服务（CPC 924） E. 其他教育服务（CPC 929，包括外语培训服务）	(1) 不作承诺 (1) 没有限制 (3) 除以下规定外，没有限制：自本协定生效之日起，只允许外国服务提供者在越南设立合资企业，但日本方可以在合资企业中占多数股权。从 2009 年 1 月 1 日起，允许设立 100% 外商投资的教育实体。本协定生效三年之后，取消所有限制性规定。（第二轮） (4) 除水平承诺中的内容外，不作承诺	(1) 不作承诺 (2) 没有限制 (3) 在外商投资学校任职的外国教师必须有至少五年的执教经验，并获得权威主管部门的资质认可。 (4) 除水平承诺中的内容外，不作承诺	—

续表

部门或分部门	市场准入限制	国民待遇限制	附加承诺
中国－新加坡自由贸易协定	关于市场准入和国民待遇的任何服务提供方式的具体承诺，都不适用于以获得在新加坡职业工作许可，注册或资格为目的的大学学历认证		
D. 成人教育服务（CPC 924 n. e. c.）	(1) 没有限制 (2) 没有限制 (3) 没有限制 (4) 除水平承诺中内容外，不作承诺	(1) 没有限制 (2) 没有限制 (3) 没有限制 (4) 不作承诺	—
E. 短期培训服务，包括语言培训（CPC 92900**）	(1) 没有限制 (2) 没有限制 (3) 没有限制 (4) 除水平承诺中内容外，不作承诺	(1) 没有限制 (2) 没有限制 (3) 没有限制 (4) 不作承诺	—
中国－东盟自由贸易区（含"10+1"升级） 中国－马来西亚自由贸易协定 C. 高等教育服务 由私人资金筹建的高等教育机构提供的其他高等教育服务，不包括含有政府股份或接受政府支助的私人高等教育机构（CPC 92390）	(1) 除依照外国教育机构与马来西亚教育部签署合作协定特许协定或其他不作承诺 (2) 除依照特许和合作协定出国的学生可以境外消费外，其他不作承诺 (3) 仅允许设立外资股份不超过49%的机构，且必须经过经济需求测试 (4) 除WTO水平承诺外，不作承诺	(1) 不作承诺 (2) 不作承诺 (3) 不作承诺 (4) 除WTO水平承诺外，不作承诺	(3) 外资股份超过49%时，需经过下列额外的经济需求测试： a. 所提供课程对马来西亚来说是关键性课程，例如：医学，牙医，工程，工商，科学和技术 b. 属于研究项目 c. 属于与当地机构合作研究项目 d. 外国学生的比例

续表

	部门或分部门	市场准入限制	国民待遇限制	附加承诺
中国－东盟自由贸易区（含"10+1"升级）	中国－马来西亚自由贸易协定（第二批） C. 高等教育服务 由私人资金筹建的高等教育机构提供的其他高等教育服务，不包括含有政府股份或接受政府支助的私人高等教育机构（CPC 92390）	(1) 除商业存在在外不作承诺 (2) 没有限制 (3) 仅允许设立外资股份不超过49%的机构，且必须经过经济需求测试 (4) 除（1）（2）水平承诺和以下条件外不作承诺：讲师和专业人员：a. 讲师或专业人员不能超过雇员的20%，且拥有必要的资格、知识，证书和/或经验；b. 专业人员是指具有必要的专业资格、行业和/或专业资格，在教育机构根据其专业知识受雇的人员	(1)(2)(3) 不作承诺，授予联邦或州资金补贴或补助，如土地补助、税收优惠、奖学金和贷款，仅限于拥有政府股权的机构或公民/永久居民 (4) 除了市场准入中列明的不作承诺	(3) 外资股份超过51%时，需经过下列额外的经济需求测试： (a) 被视为实现马来西亚教育目标的重要课程 (b) 具有出口潜力
	中国－柬埔寨自由贸易协定 3. 高等教育（CPC 923） 4. 成人教育（CPC 924） 5. 其他教育服务（CPC 929）	(1) 没有限制 (2) 没有限制 (3) 没有限制 (4) 除水平承诺中内容外，不作承诺	(1) 没有限制 (2) 没有限制 (3) 没有限制 (4) 除水平承诺中内容外，不作承诺	柬埔寨将根据教育和专业服务市场的需要，努力建立与国际惯例相适应的独立的国家认证程序

续表

部门或分部门	市场准入限制	国民待遇限制	附加承诺
中国－东盟自由贸易区（含"10＋1"升级） 中国－泰国自由贸易协定 B. 中等教育服务 国际和国内的学校教育服务，不包括成人和其他教育服务（CPC 9221，CPC 9222）	(1) 不作承诺 (2) 没有限制 (3) 没有限制 (4) 外国的供教育服务人可以在泰国提供教育服务，但须满足以下条件： a. 外国自然人受到在泰国合法设立并注册的教育机构的邀请或雇用 b. 外国自然人具备相关教育机构所要求的资格和工作经验，还应符合其当泰国教育部设定的其他相关标准。首次入境的聘用期限为一年或较短的期限，以后可能获得延长。可要求与相同承诺水平	(1) 不作承诺* (2) 没有限制 (3) 没有限制 (4) 除水平承诺部分提出的以外，不作承诺的人必须在泰国经营的入可经营在泰国有住所	—

续表

部门或分部门	市场准入限制	国民待遇限制	附加承诺
中国－东盟自由贸易区（含"10＋1"升级） 中国－泰国自由贸易协定 技术和职业教育服务（CPC 9223, CPC 9224）	(1) 没有限制 (2) 没有限制 (3) 没有限制 (4) 外国自然人可以在泰国提供教育服务，但须满足以下条件： a. 外国自然人受到在泰国合法设立并注册的教育机构的邀请或雇用 b. 外国自然人具备相关教育机构所要求的资格和工作经验，还应符合当地相关标准。在适当情况下，泰国教育部设定的其他相关要求。首次入境的期限为一年或较短者为准，可能获得延长，可要求与同水平承诺的内容相同	(1) 没有限制 (2) 没有限制 (3) 没有限制 (4) 除水平承诺部分提出的以外，不作承诺	—

续表

部门或分部门	市场准入限制	国民待遇限制	附加承诺
中国-东盟自由贸易区（含"10+1"升级） 中国-泰国自由贸易协定 C. 高等教育服务（CPC 923）	(1) 不作承诺 (2) 没有限制 (3) 不作承诺 (4) 外国的自然人可以在泰国提供教育服务，但须满足以下条件： a. 外国自然人受到在泰国合法设立并注册的教育机构的邀请或雇用 b. 外国自然人具备相关教育机构所要求的资格和工作经验，在适当情况下，还应符合泰国教育部设定的其他要求。首次入境的期限为一年或更短，以较短者为准，可能获得延长。其他要求与水平承诺的内容相同	(1) 不作承诺 (2) 没有限制 (3) 不作承诺 (4) 不作承诺	—

续表

部门或分部门	市场准入限制	国民待遇限制	附加承诺
中国－东盟自由贸易区（含"10+1"升级） 中国－泰国自由贸易协定 E. 其他教育服务（CPC 92900） F. 中文教育服务	(1) 不作承诺 (2) 没有限制 (3) 不作承诺 (4) 外国的自然人可以在泰国提供中文教学服务，但须满足以下条件： a. 外国自然人受到并注册的教育机构的邀请或雇用 b. 外国自然人具备相关教育机构所要求的资格和工作经验，在适当情况下，还应符合泰国教育部设定的其他相关标准。首次入境的期限为一年或更短，以较短者为准，可能获得延长。其他要求与内容相同承诺的内容相同	(1) 不作承诺 (2) 没有限制 (3) 不作承诺 (4) 不作承诺	—

续表

部门或分部门	市场准入限制	国民待遇限制	附加承诺
中国－东盟自由贸易区（含"10＋1"升级） 中国－泰国自由贸易协定（第二批） B. 中等教育服务 A＋B. 国际和国内的学校教育服务，不包括成人和其他教育服务（CPC 9219＋9221，CPC 9222）	(1) 不作承诺 (2) 没有限制 (3) 没有限制 (4) 外国的自然人可以在泰国提供教育服务，但须满足以下条件： a. 外国自然人受到在泰国合法设立并注册的教育机构的邀请或雇用 b. 外国自然人具备相关教育机构所要求的资格和工作经验，在适当情况下，还应符合其他泰国教育部设定的首次入境的期限为一年或以较短的期限与水平相同，可能获得延长，以首次或续签者为准。其他要求与内容相同承诺的内容相同	(1) 不作承诺* (2) 没有限制 (3) 没有限制 (4) 除水平承诺部分提出的以外，不作承诺，可经营的人必须在泰国有住所	—

续表

	部门或分部门	市场准入限制	国民待遇限制	附加承诺
中国-东盟自由贸易区（含"10+1"升级）中国-泰国自由贸易由贸易协定（第二批）	B. 技术和职业教育服务（CPC 9223, CPC 9224）	(1) 没有限制 (2) 没有限制 (3) 没有限制 (4) 外国的自然人可以在泰国提供教育服务，但须满足以下条件： a. 外国自然人受到在泰国合法设立并注册的教育机构的邀请或雇用 b. 外国自然人具备相关资格和工作经验，在适当情况下，还应符合泰国教育部设定的其他相关标准。首次入境的期限为一年或与聘用的期限相同，以较短者为准，可能获得延长，其他要求与承诺的内容相同	(1) 没有限制 (2) 没有限制 (3) 没有限制 (4) 除水平承诺部分提出的以外，不作承诺	—
	D. 专业和/或短期课程教育服务（CPC 92400）	(1) 不作承诺 (2) 没有限制 (3) 没有限制 (4) 不作承诺	(1) 不作承诺 (2) 没有限制 (3) 没有限制 (4) 不作承诺	—

续表

部门或分部门	市场准入限制	国民待遇限制	附加承诺
中国-东盟自由贸易区（含"10＋1"升级） 中国-泰国贸易协定（第二批） E. 其他教育服务（CPC 92900） 中文讲授服务（CPC 92900 的一部分）	(1) 不作承诺 (2) 没有限制 (3) 不作承诺 (4) 外国的自然人可以在泰国提供中文教学服务，但须满足以下条件： a. 外国的自然人受到并在注册的国合法设立机构的邀请或教育机构的雇用 b. 外国自然人具备相关教育机构所要求的资格和工作经验，在适当情况下，还应符合泰国教育部设定的其他相关标准。首次人境的期限为一年或与聘用的期限相同，以较短者为准，可能要求延长。其他要求与内容相同承诺的内容相关	(1) 不作承诺 (2) 没有限制 (3) 不作承诺 (4) 不作承诺	—

注：* 表示注于缺乏技术可行性而不作承诺。*** 该代码的具体承诺并不包括该代码所涵盖的全部服务。

资料来源：作者根据相关资料整理而得。

附表 2　中国-澳大利亚自由贸易协定中澳方负面清单承诺

序号	部　门	教　育　服　务
11	涉及义务	国民待遇 最惠国待遇
	描述	澳大利亚保留采取或维持任何与初等教育有关的措施的权利
	规章	—
12	涉及义务	国民待遇 最惠国待遇
	描述	澳大利亚保留采取或维持以下方面任何措施的权利： （a）个别教育和培训机构在招生政策（包括考虑学生平等机会以及承认学分和学位方面）、制定学费以及制定课程或课程内容方面保持自主权的能力； （b）教育和培训机构及其方案的非歧视性认证和质量保证程序，包括必须满足的标准； （c）向教育和培训机构提供的政府资金、补贴或赠款，例如赠地、税收优惠和其他公共福利； （d）教育和培训机构需要遵守与在特定管辖范围内建立和运营设施有关的非歧视性要求。

资料来源：根据澳大利亚外交和贸易部的相关信息整理而成，具体参见 https://www.dfat.gov.au/trade/agreements/in-force/chafta/official-documents/Pages/official-documents。

第4章
RCEP 协定中的教育服务贸易

RCEP 协定的签署,标志着当前涵盖世界人口最多、成员构成最多元、发展最具活力的自由贸易区正式成立。在服务贸易领域,RCEP 协定缔约方承诺最终将以负面清单模式实现高水平开放。缔约方采取负面清单方式作出的具体承诺相较GATS 大幅提高了服务领域的开放水平,协定相关规定也显著增加了缔约方在服务贸易领域的政策透明度、确定性和可预见性。2022 年 1 月 1 日,日本、韩国、澳大利亚、新加坡等 7 个缔约方直接采用负面清单方式承诺,中国、新西兰、菲律宾等8 个缔约方暂时采用正面清单方式,并在一定时期内逐步过渡到负面清单开放模式。例如,中国在投资方面采用负面清单方式对制造业、农业、林业、渔业、采矿业5 个非服务业领域投资作出较高水平开放承诺。这是中国首次在自由贸易协定项下以负面清单形式对投资领域进行承诺。但是,该负面清单仅适用于外国投资者的非服务贸易投资,对于外国投资者在服务贸易领域的任何投资仍需遵守 RCEP协定第八章服务贸易的规定。对于服务贸易,目前中国采用正面清单方式承诺,并将于协定生效后 6 年内转化为负面清单模式。

从清单结构上看,各成员方负面清单包括清单一(清单 A)和清单二(清单 B)两个单子。分为清单一和清单二的原因是两个单子适用的规则不同。

列入清单一的是现存的不符措施。这些措施在过渡期内适用冻结规则,过渡期满适用棘轮规则,即缔约国现有不符措施予以"冻结保留"(standstill reservation),并同时受到"禁止反转"条款的拘束。冻结规则是指成员方在 RCEP 协定对其生效后,对现存不符措施的修改不能低于 RCEP 协定负面清单承诺水平。棘轮规则是指成员方在协定对其生效后,对现存不符措施的任何修改,只能比修改前减少对外资的限制,而不能降低修改前外资已享受的待遇。RCEP 协定第 8.8 条第 1 项(c)款规定,缔约国任何不符措施之修正,不得降低修正前对国民待遇、最惠国待遇、市场进入以及当地据点的开放程度。棘轮规则是比冻结规则更严格的纪律,实质含义是成员方承诺列入清单内的外资政策措施不会倒退,以确保为投资者提供更稳定的投资环境和更高水平的保护。根据 RCEP 协定投资章第八条的规定,大部分成员方过渡期为 5 年,最不发达国家和个别成员方豁免适用棘轮规则。此外,为提高透明度,清单一内措施须列出具体的国内法依据。

各成员方将一些敏感领域列入清单二。清单二作为未来不符措施的保留清单,即不论在现状下是否已有任何限制,缔约国未来都可保留完全的政策空间,且今后可以增加限制或改变措施的内容。也就是说,这些领域中的服务开放程度,在未来是可以更加严格的。这与清单一的使用规则不同。

RCEP 协定的负面清单大大提高了成员方政策的透明度和可预见性,特别是在市场准入方面,为投资者了解成员方外资政策提供了具体指引。投资者可以通过查询负面清单,较为详细地了解各成员方在不同行业和领域,现行以及将来对外资可能进行限制的各类措施和领域,因此该负面清单对投资研究和决策制定都有很好的参考作用。本章将对 RCEP 协定中的代表性国家的教育服务开放情况进行分析。

4.1 日本的教育服务开放承诺

4.1.1 基于 GATS 的教育服务开放承诺

日本基于 GATS 作出了开放教育服务的承诺,并在 RCEP 协定中同样作出了教育服务的开放承诺。

从 GATS 的正面清单来看,日本对于初等教育、中等教育和高等教育阶段,允许符合日本相关法律规定的外国机构设立商业存在。日本的相关规定可以分为三类。一是,前述教育服务必须由在日本设立的正式教育机构提供。二是,日本规定正式教育机构包含小学、初级中学、高级中学、大学、技术学院、盲校、聋哑学校、残疾人学校和幼儿园。三是,日本规定正式教育机构必须由学校法人设立,学校法人

表 4.1　GATS 下日本的教育服务开放具体承诺

国家	部门及限制条件		市场准入限制	国民待遇限制
日本	由在日本设立的正式教育机构提供的教育服务	初等教育	(1) 不作承诺 (2) 不作承诺 (3) 正式教育机构必须由学校法人设立 (4) 不作承诺	(1) 不作承诺 (2) 不作承诺 (3) 除了水平承诺外没有限制 (4) 不作承诺
		中等教育		
		高等教育		
	限定为针对成人的外语收费服务	成人教育	(1) 没有限制 (2) 没有限制 (3) 没有限制 (4) 除水平承诺外不作承诺	(1) 没有限制 (2) 没有限制 (3) 除水平承诺外没有限制 (4) 除水平承诺外不作承诺

资料来源：作者根据 WTO 相关文件整理而成，参见 https://docs.wto.org/dol2fe/Pages/SS/directdoc.aspx?filename＝Q：/SCHD/GATS-SC/SC46.pdf&Open＝True。

是由日本法律所规范的提供教育服务的非营利法人。此外，日本还承诺开放成人教育服务中的外语培训服务（表 4.1）。

4.1.2　基于 RCEP 协定的教育服务开放承诺

在 RCEP 协定中，日本采用了负面清单方式（表 4.2）。首先从清单 A 来看，日本针对依据《日本标准产业分类》（JSIC）①确定的高等教育服务，明确该服务在市场准入和商业存在方面需要遵循的规定。这些规定与基于 GATS 的开放承诺中的规定基本相同。其次，从清单 B 来看，日本保留了幼儿园、小学、初中、高中、特殊教育学校和幼儿园保育教育服务的开放。由此可见，在初等教育和中等教育方面，日本基于 GATS 的开放程度是要大于基于 RCEP 协定的开放程度的。在高等教育方面，两者持平。在成人教育和其他教育服务方面，日本基于 RCEP 协定的开放程度是要高于基于 GATS 的。举例来说，如果中国意图在日本发展教育服务贸易，那么对于初等教育和中等教育服务，最好依据 GATS 进行；如果是成人教育和其他教育服务方面，则依据 RCEP 协定更加有利。

---

① JSIC 由日本总务省制定，并于 2013 年 10 月修订。

表 4.2　日本基于 RCEP 协定的教育服务开放负面清单

	部门(7)*	教育、学习支持
清单 A	分部门	高等教育服务
	产业分类	JSIC 816 高等教育
	管理层级	中央政府
	涉及义务	市场准入(第 8.5 条) 当地存在(第 8.11 条)
	描述	服务贸易 1. 在日本作为正规教育提供的高等教育服务必须由正规教育机构提供。正规教育机构须由学校法人设立 2. 正规教育机构是指小学、初中、中学、义务教育学校、高中、大学、大专、技术学院、特殊教育学校、幼儿园、幼儿教育和保育综合中心 3. 学校法人是指根据日本法律法规,以提供教育服务为目的而成立的非营利性法人
	规章	教育基本法(2006 年第 120 号法律),第 6 条 学校教育法(1947 年第 26 号法律),第 2 条 私立学校法(1949 年第 270 号法律),第 3 条
清单 B	部门(8)	教育、学习支持
	分部门	初等和中等教育服务
	产业分类	JSIC 811 幼儿园 JSIC 812 小学 JSIC 813 初中 JSIC 814 高中、中学 JSIC 815 特殊教育学校 JSIC 819 幼儿教育和保育综合中心
	涉及义务	国民待遇(第 8.4 条和第 10.3 条) 市场准入(第 8.5 条) 本地存在(第 8.11 条)
	描述	服务贸易和投资贸易 日本保留采取或维持与投资或提供中小学教育服务有关的任何措施的权利
	规章	教育基本法(2006 年第 120 号法律),第 6 条 学校教育法(1947 年第 26 号法律),第 2 条 私立学校法(1949 年第 270 号法律),第 3 条 学龄前儿童教育、保育等综合服务推进法(2006 年第 77 号法律)

注: * 该数字为服务具体承诺表的部门编号,下同。

资料来源:参见 http://fta.mofcom.gov.cn/rcep/rceppdf/03%20JP's%20Annex%20III.pdf。

4.2　韩国的教育服务开放承诺

4.2.1　基于中韩自由贸易协定的教育服务开放承诺

在中韩自由贸易协定中,韩国采用了正面清单方式,承诺开放高等教育服务和成人教育服务。

在高等教育服务方面,韩国有如下几类限制条件。一是高等教育的类型,即获得相应许可的授予学位的私立高等教育机构,包括专科院校、一般大学、产业大学、技术院校和公司内部大学五类。二是高等教育服务的内容,开放的高等教育不包括健康、医学教育,学前、中小学老师教育,法律专业研究生教育,以及广播、通信和网络大学教育。三是在培养方式上,在韩国设立的高等教育机构,其学生在国内外其他高等教育机构获得认证的学分不得超过毕业所需总学分的一半。四是在地域方面,韩国首都圈内高等教育机构的设立会有一定的限制。

在成人教育服务方面,韩方有如下几类限制条件。一是成人教育的类型,即由私人设立的成人教育机构,韩方具体列举了 9 种开放的成人教育服务。二是成人教育服务的内容,开放的成人教育不包括颁发文凭或学分、学位、学历或学位证书的教育服务,由政府财政支持的职业培训服务,通过广播提供的教育服务,由政府授权机构专门提供的职业培训服务,以及与医学和健康相关的成人教育服务。三是在培养方式上,必须是向 10 人以上提供为期 30 天或更长时间的教育服务。四是在地域方面,韩国首都圈①内成人教育机构的设立会有一定的限制。

4.2.2　基于 RCEP 协定的教育服务开放承诺

韩国在 RCEP 协定中适用了负面清单的承诺方式(表 4.3)。在负面清单中,韩国首先对开放高等教育的相关限制条件进行了说明。一是股东构成,私立高等教

---

① 韩国首都圈包括首尔市、仁川广域和京畿道。

表 4.3 韩国基于 RCEP 协定的教育服务开放负面清单

清单 A	28*	
	部门	教育服务——高等教育
	管理层级	中央政府
	涉及义务	国民待遇(第 8.4 条和第 10.3 条) 市场准入(第 8.5 条) 高级管理层和董事会(第 10.7 条)
	描述	私立高等教育机构至少 50% 的董事会成员必须是韩国国民。如果外国人贡献了高等教育机构至少 50% 的基本财产,则该机构最多但不包括三分之二的董事会成员可以是外国人。 本条目所称基本财产是指不动产、公司章程指定为基本财产的财产、根据董事会决定纳入基本财产的财产以及本机构年度预算盈余公积金。 只有经教育部长批准的非营利学校法人才能在韩国设立高等教育机构(清单 B 所列机构类型除外)。 教育部长可以限制每年在医学、药理学、兽医学、亚洲传统医学、医疗技术人员和高等教育领域的学生总数,这些学生适用于首尔首都圈的学前、小学和中学教师以及高等教育机构。 就本条目而言,首尔首都圈包括首尔都会、仁川都会和京畿道。只有韩国中央政府或地方政府可以建立高等教育机构来培训小学教师。只有中央政府才能建立高等教育机构,通过广播向公众提供高等教育服务。除科技大学和公司内部大学外,任何高等教育机构的新设立、延期或转让都可能在首尔首都圈受到限制。 与短期大学、大学和工业大学的联合教育项目仅限于获得外国公共认证机构认可或获得其政府认可或推荐的外国大学,且在大学(短期大学)校长认为必要的领域。 从本地或外国的其他高等教育机构获得的学分,以不超过毕业所需总学分的一半为限,予以承认。
	规章	《高等教育法》(2019 年 12 月 10 日第 16742 号法律)第 3、4、21、23、32、42、43 条 《高等教育法实施令》(2020 年 6 月 2 日第 30725 号总统令)第 13、15、28 条 《私立学校法》(2019 年 12 月 3 日第 16679 号法律)第 3、5、10、21 条 《私立学校法实施令》(2020 年 3 月 10 日第 30514 号总统令)第 9.3 条 《关于建立韩国国立开放大学的法令》(2020 年 3 月 31 日第 30550 号总统令)第 1、2 条 《首尔首都圈重新调整规划法》(2019 年 12 月 10 日第 16810 号法律)第 7、8、9、18 条 《首尔首都圈重新调整规划法实施令》(2020 年 3 月 31 日第 30550 号总统令)第 1、2 条 《规划法案》(2020 年 3 月 24 日第 30545 号总统令)第 3、10、11、12、13、14 条

	29	
	部门	教育服务——成人教育
	管理层级	中央政府
	涉及义务	国民待遇(第 8.4 条和第 10.3 条) 市场准入(第 8.5 条)
清单 A	描述	外国人可在韩国设立的成人教育机构的种类限于: 1. 与终身教育和职业教育有关的成人私立教学机构; 2. 不迟于本协定生效之日,为承认教育资格或授予文凭以外的 　目的而运营的终身成人教育机构,包括: 　　i. 附属于工作场所、非政府组织、学校和媒体组织的教育 　　　设施; 　　ii. 与知识和人力资源开发相关的教育设施,所有这些都是为 　　　成年人设立的。 在本条目中,成人私立教学机构是为 10 人或 10 人以上提供终身 或职业教育相关科目的辅导服务的机构,为期 30 天或更长时间。 被私立成人教育机构聘用为讲师的外国人必须至少拥有学士学 位或同等学历并在韩国居住。首尔首都圈内的培训设施的设 立、扩建、转让可能会受到限制。 为透明起见,省级教育办公室主管可在非歧视的基础上规定成 人私立教学机构的学费率。
	规章	《私立教学机构和课外班的设立和运营法》(2018 年 12 月 18 日 第 15967 号法律) 《私立教学机构和课外班的设立和运营法》(2018 年 12 月 18 日 第 15967 号法律)第 2、2.2、13 条 《私立教学机构和课外班的设立和运营法实施令》(2020 年 3 月 31 日第 30547 号总统令)第 12 条 《终身教育法》(2019 年 12 月 3 日第 16677 号法律)第 30、33— 38 条 《外国投资促进法》(2019 年 12 月 31 日第 16859 号法律)第 4 条 《外商投资条例》(2018 年 7 月 6 日贸易、工业和能源部公告第 2018-137 号),附表 1 《首尔首都圈重新调整规划法》(2019 年 12 月 10 日第 16810 号 法律)第 7、8、9、18 条 《首尔首都圈调整规划法》 《规划法案》(2020 年 3 月 24 日第 30545 号总统令)第 3、10— 14 条

续表

清单 B		35
	部门	教育服务——学前教育、初等教育、中等教育、高等教育、成人教育和其他教育
	涉及义务	国民待遇(第 8.4 条和第 10.3 条) 最惠国待遇(第 8.6 条和第 10.4 条) 当地存在(第 8.11 条) 禁止性规定(第 10.6 条) 高级管理层和董事会(第 10.7 条)
	描述	韩国保留采取或维持任何有关学前、小学和中学教育的措施的权利;与卫生和医学相关的高等教育;为未来的学前、小学和中学教师提供高等教育;法律专业研究生教育;所有教育层次的远程教育(除与健康和医学相关的成人教育服务外,前提是这些服务不授予学术学分、文凭或学位)以及其他教育服务。
	规章	—

注:＊该数字为服务具体承诺表的部门编号,下同。
资料来源:参见 http://fta.mofcom.gov.cn/rcep/rceppdf/04%20KR's%20Annex%20III.pdf。

育机构至少 50％的董事会成员必须是韩国国民。如果外国人贡献了高等教育机构至少 50％的基本财产,则该机构最多但不包括三分之二的董事会成员可以是外国人。二是高等教育的类型,只有经教育部部长批准的非营利学校法人才能在韩国设立高等教育机构(清单 B 所列机构类型除外)。三是高等教育的内容,医学、药理学、兽医学、亚洲传统医学、医疗技术人员和高等教育领域的学生总数,可能会受到韩国教育部部长的限制。四是在培养方式上,从本地或外国的其他高等教育机构获得的学分,以不超过毕业所需总学分的一半为限,予以承认。五是外方合作方的要求,与短期大学、大学和工业大学的联合教育项目仅限于获得外国公共认证机构认可或获得其政府认可或推荐的外国大学,且在大学(短期大学)校长认为必要的领域。六是地域限制,韩国首都圈内高等教育机构的设立会有一定的限制。

变化有三方面。一是增加了股东构成方面的限制。二是增加了外方合作方的限制。三是对于学分限制的表述略有调整,中韩自由贸易协定要求在设立高等教育机构外获得的学分不能超过毕业所需的一半;而在 RCEP 协定中,则表述为机构外所获学分,只承认毕业所需学分总量的一半。

在成人教育服务方面,RCEP 协定的开放承诺与中韩自由贸易协定的开放承诺差别不大。具体来看,一是保留了私人设立的限定,但不再具体限定成人教育服务的类型;二是保留了内容方面的限定,但排除了政府参与的限定;三是在培养方式和地域限制方面,保留了原有规定。此外,韩国在 RCEP 协定中保留了采取或维持任何有关学前教育、小学教育和中学教育的措施的权利。

由此可见,与中韩自由贸易协定相比,韩国基于 RCEP 协定的开放程度在高等教育领域要略微低一些,在成人教育方面的开放程度略有提高。至于学前教育、初等教育、中等教育和其他教育,韩国在 RCEP 协定中保留了相关权利,这与中韩自由贸易协定中的正面清单所表达的意思是相同的。

4.3 新加坡的教育服务开放承诺

4.3.1 中国-东盟自由贸易协定

中国自 1991 年开始便积极与东盟接触,开启正式对话进程。1992 年 1 月,第四次东盟首脑会议正式提出建立东盟自由贸易区。2010 年 1 月 1 日,中国-东盟自由贸易区正式建立。中国-东盟贸易规模从 1991 年的不足 80 亿美元增长到 2020 年的 6 846 亿美元,扩大了 85 倍。自 2009 年起,中国连续 12 年保持东盟第一大贸易伙伴地位;2020 年,东盟首次成为中国最大的贸易伙伴。中国-东盟自由贸易区是中国对外商谈的第一个自由贸易区,也是发展中国家间最大的自由贸易区,它有效推动了区域内贸易便利化、投资自由化,成为全球最具活力的自由贸易区之一。

教育在中国-东盟自由贸易区中扮演了重要角色。从 2008 年首届中国-东盟教育交流周在中国贵阳举办,到 2023 年已连续成功举办 15 届。中国和东盟还依托交流周平台成立中国-东盟工科大学联盟、中国-东盟轨道交通教育培训联盟等合作机制,并建立中国-东盟清镇职教中心、中国-东盟教育培训中心等机构。中国-东盟菁英奖学金项目于 2019 年正式实施,近白名东盟国家青年赴华攻读硕士博士学位,进行短期进修或参加能力建设培训项目。双方互派留学生人数超过 20 万。中国高校开设了东盟 10 国官方语言专业,东盟国家建设了 30 多所孔子学院。2023 年 2 月 7 日,中国-东盟自由贸易区 3.0 版谈判启动首轮磋商。

新加坡在中国-东盟自由贸易区中发挥了重要作用。这不仅因为新加坡是东盟五个创始成员国之一,而且因为它是东盟最发达的国家。中国与新加坡两国在中国-东盟自由贸易区中逐步探索出更加深入的合作模式。新加坡在中国-东盟自由贸易协定中首次针对成人教育服务和其他教育服务作出了开放承诺。考虑到新加坡没有基于 GATS 作出教育服务的开放承诺,中国-东盟自由贸易协定成为两国涵盖教育服务贸易的首份自由贸易协定。

4.3.2　中国-新加坡自由贸易协定及中新自由贸易协定升级版

2008 年 4 月,中国与新加坡签署了《中华人民共和国政府和新加坡共和国政府自由贸易协定》和《中华人民共和国政府和新加坡共和国政府关于双边劳务合作的谅解备忘录》。中国-新加坡自由贸易协定是在 WTO 相关规则规范下,并在中国-东盟自由贸易区的基础上,双方进一步相互开放市场、深化合作的法律文件。

在服务贸易方面,双方在 WTO 服务贸易承诺表和中国-东盟自由贸易区的《服务贸易协议》市场准入承诺清单的基础上,进一步相互扩大市场准入范围。新加坡的承诺包括承认中国两所中医大学学历;允许中国在新加坡设立中医大学和中医培训机构;允许中国在新加坡开展中文高等教育、中文成人教育和中文培训;允许中国在新加坡开办独资医院;同意与中国尽快启动会计审计准则的认可谈判。中国的承诺包括承诺新加坡在华设立股比不超过 70% 的外资医院,认可新加坡两所大学的医学学历。中国-新加坡自由贸易协定是中国签署的第一个涵盖货物贸易、服务贸易、投资等诸多领域的双边全面自由贸易协定,是中国与发达国家签署的第一个自由贸易协定;新加坡是第一个同中国签署自由贸易协定的亚洲国家。

2021 年 1 月 26 日,中国和新西兰两国政府正式签署《中华人民共和国政府与新西兰政府关于升级〈中华人民共和国政府与新西兰政府自由贸易协定〉的议定书》(以下简称《升级议定书》)。《升级议定书》对原自由贸易协定进行了修订,由序言、9 个章节、4 项换文组成,除对原协定的原产地规则、海关程序与贸易便利化、技术性贸易壁垒、服务贸易、合作等五个领域进行升级外,还新增了电子商务、政府采购、竞争政策、环境与贸易等四个领域。《升级议定书》还包括对服务贸易具体承诺表等附件的升级。此外,双方约定将在《升级议定书》生效后 2 年内以负面清单方式开展服务贸易的后续谈判,以进一步提高开放水平。

4.3.3　RCEP 协定

2021 年 4 月 9 日,新加坡贸易与工业部宣布加入 RCEP 协定获批准,并于当日将核准书交东盟秘书长保存。至此,新加坡成为首个完成官方核准所有程序的东盟国家。新加坡加入 RCEP 协定有利于维护新加坡国际金融中心、交通枢纽中心、最佳国际投资地区、优质教育和良好旅游居住地等地位。

与之前的中国-东盟自由贸易协定、中国-新加坡自由贸易协定相比,新加坡在 RCEP 协定中对教育服务的开放承诺有了较大拓展(表 4.4)。一是新加坡使用负面清单方式。二是限定与医学培训相关的高等教育服务,即只有根据议会法案设立或由教育部指定的本地高等教育机构才可以在新加坡开设本科或研究生课程来培训医生;只有新加坡国立大学和南洋理工大学获准在新加坡开设本科或研究生课程来培养医生。三是保留采取或维持任何影响向新加坡公民提供小学教育、普通中学教育和高等中学教育服务的措施的权利,包括体育教育服务。除这三条以外,新加坡全面开放教育服务市场。

表 4.4　新加坡在 RCEP 协定中的教育服务开放负面清单

		13
清单 A	部门	教育服务
	分部门	与医学培训相关的高等教育服务
	产业分类	CPC 92390 其他高等教育服务(仅适用于与医生培训相关的高等教育服务)
	涉及义务	国民待遇(第 8.4 条和第 10.3 条) 市场准入(第 8.5 条)
	描述	只有根据议会法案设立或由教育部指定的本地高等教育机构才可以在新加坡开设本科或研究生课程来培训医生。 目前,只有新加坡国立大学和南洋理工大学获准在新加坡开设本科或研究生课程来培养医生。
	规章	《医疗注册法》(2014 年修订版第 174 章),第 2、3、34、35 条 《私立教育法》(2011 年修订版第 247A 章)

续表

清单 B		20
	部门	教育服务
	分部门	初等教育服务 中等教育服务
	行业分类	CPC 921 初等教育服务 CPC 92210 普通中等教育服务 CPC 92220 高中教育服务(仅适用于新加坡教育体系下的专科学院和大学预科中心)
	涉及义务	国民待遇(第 8.4 条和第 10.3 条) 市场准入(第 8.5 条) 最惠国待遇(第 8.6 条和第 10.4 条) 当地存在(第 8.11 条) 高级管理层和董事会(第 10.7 条)
	描述	新加坡保留采取或维持任何影响向新加坡公民提供小学、普通中学和高等中学(仅适用于新加坡教育体系下的初级学院和大学前中心)教育服务的措施的权利,包括体育教育服务。
	规章	《教育法》(1985 年修订版第 87 章) 《行政指南》 《私立教育法》(2011 年修订版第 247A 章)

资料来源:参见 http://fta.mofcom.gov.cn/rcep/rceppdf/14%20SG's%20Annex%20III.pdf。

4.4 马来西亚的教育服务开放承诺

在中国-东盟自由贸易协定中,马来西亚作出了开放部分教育服务的承诺,并在第二批服务贸易协定的具体承诺中,进行了些许调整。

在第一批服务开放承诺中,马来西亚的教育服务开放主要有三个方面。一是承诺开放私人高等教育服务,且必须与马来西亚教育机构签署特许协定或合作协定。二是在私人高等该教育机构中外资股份占比不超过 49%,且必须经过相应的经济需求测试。三是外资占比超过 49%时,还需进行特定的经济需求测试。

在第二批服务开放承诺中,马来西亚的教育服务开放有五个方面。一是承诺开放私人高等教育服务。二是在私人高等该教育机构中外资股份占比不超过 49%,且必须经过相应的经济需求测试。三是外资占比超过 51% 时,还需进行特定的经济需求测试。四是在私人高等教育机构中讲师或专业人员不能超过教育机构雇员的 20%,且拥有必要的资格、知识、证书和/或经验。五是在国民待遇方面保留相应权利。

由此来看,马来西亚在高等教育服务开放上有三大变化。一是开放程度有所提高。私人高等教育机构不在有特许协定或合作协定的要求;进行特定经济需求测试的外资占比也从 49% 提高到 51%。二是规定更为详细,如机构中人员占比、人员资质、国籍要求等。三是经济需求测试有较大变化。在第一批开放承诺中,经济需求测试集中在四方面,马来西亚本国需求、研究项目、合作研究项目、外国学生比例。而在第二批开放承诺中,经济需求测试集中在两点,即是否有助于实现马来西亚教育目标,以及是否具有出口潜力。这在一定程度上表明马来西亚促进教育服务发展的意愿。

马来西亚在 RCEP 协定中也作出了教育开放的承诺。马来西亚在 RCEP 协定的清单 A 中表示,技能培训中心和职业机构只能由在马来西亚注册成立并获得授权的教育服务供应商提供。在清单 B 中,马来西亚保留了学前班、涵盖马来西亚国家课程的小学和中学教育服务、宗教学校、远程学习、补习中心、军事训练教育,以及高等教育服务的相关权利(表 4.5)。在 RCEP 协定中,马来西亚保留的是公立高等教育服务机构,负面清单中没有关于私立高等教育服务机构开放的限制描述。由此可见,马来西亚在 RCEP 协定中的开放程度是要高于中国-东盟自由贸易协定的。

表 4.5　马来西亚在 RCEP 协定中的教育服务开放负面清单

		8
清单 A	部门	教育服务
	分部门	—
	管理层级	中央政府
	涉及义务	国民待遇(第 8.4 条和第 10.3 条) 市场准入(第 8.5 条) 最惠国待遇(第 8.6 条和第 10.4 条) 禁止性要求(第 10.6 条) 高级管理层和董事会(第 10.7 条)

清单 A	描述	教育服务、技能培训中心和职业机构只能由在马来西亚注册成立并获得授权的教育服务供应商提供
	规章	《教育法》(1996 年第 550 号法案) 《私立高等教育机构法》(1996 年第 555 号法案)《国家技能发展法》(2006 年第 652 号法案) 《行政指南》
清单 B	27	
	部门	教育服务
	分部门	—
	涉及义务	国民待遇(第 8.4 条和第 10.3 条) 市场准入(第 8.5 条) 最惠国待遇(第 8.6 条和第 10.4 条) 禁止性要求(第 10.6 条) 高级管理层和董事会(第 10.7 条)
	描述	马来西亚保留采取或维持与以下有关的任何措施的权利: (a) 学前教育; (b) 涵盖马来西亚国家课程的小学和中学教育服务; (c) 宗教学校; (d) 远程学习; (e) 补习中心; (f) 军事训练教育; (g) 高等教育服务,涵盖公立高等教育机构、护理教育、理工学院、社区学院、军事研究和宗教研究。

资料来源:参见 http://fta.mofcom.gov.cn/rcep/rceppdf/11%20MY's%20Annex%20III.pdf。

4.5 印度尼西亚的教育服务开放承诺

印度尼西亚没有在 GATS 下承诺开放教育服务,在中国-东盟自由贸易协定中也没有承诺开放教育服务,印度尼西亚没有同中国单独签订自由贸易协定。在 RCEP 协定中,印度尼西亚使用负面清单方式承诺开放部分教育服务。印度尼西亚的服务具体承诺清单 A 中只包含专业服务、通信服务、海运服务和建筑服务四种,教育服务被列在清单 B 中。

在 RCEP 协定生效之前,2020 年 5 月,印度尼西亚与澳大利亚签订了《印度尼西亚-澳大利亚全面经济伙伴关系协定》(IA-CEPA)。在该协定下,印度尼西亚在多个教育服务类型中对澳大利亚作出了开放承诺,该协议被认为是澳大利亚推进与印度尼西亚教育服务发展的重要成果。那么,印度尼西亚在从双边协议到诸边协议的过程中,其教育服务开放程度和方式是否有所变化?

之所以选择 IA-CEPA 作为对比,是因为教育服务对澳大利亚来说是一项关键性行业,在其几乎所有的自由贸易区发展过程中澳大利亚都重视推进教育服务。在 IA-CEPA 中,印度尼西亚首次就技术和职业教育作出开放承诺,保证澳大利亚供应商能够在印度尼西亚建立澳大利亚拥有多数股权的合资企业,并保证它们能够经营的条件。

在 IA-CEPA 中,印度尼西亚就四个大类的教育服务开放作出承诺,即初等教育服务中的技术和职业中等教育服务(电子、汽车)、高等教育服务中的工作培训、其他高等教育服务中的部分类型、成人教育服务中的语言培训,以及其他教育服务中的足球和国际象棋培训服务等。在 RCEP 协定中,印度尼西亚以负面清单形式,对技术和职业中等教育服务、专上技术和职业教育服务、成人教育服务中的语言课程和培训,以及足球和国际象棋培训中的其他教育服务的开放限制进行了说明。在开放类型上,印度尼西亚基于 RCEP 协定的开放程度总体来看是高于 IA-CEPA 的。

在具体开放限制上,技术和职业中等教育服务(CPC 92230)、成人教育服务和其他教育服务,在两份协议中的开放限制条件是相同的。在高等教育服务方面,在 IA-CEPA 中,仅承诺开放一部分高等教育服务。在 RCEP 协定中,开放全部高等教育服务,仅对其中的高等技术和职业教育中的理工和机电类专业提出限制。

在具体开放限制条件中有细微差别。一是在 IA-CEPA 中,CPC 9231 具体涵盖的内容,是由印度尼西亚人力资源部负责解释的,且不自动扩大到其他子行业。而在 RCEP 协定中,无此具体涵盖内容的限制。二是在 IA-CEPA 中,CPC 9231 教育服务的外资占比不得超过 67%;RCEP 限定在 51% 的水平上。二是在 IA-CEPA 中,对该类型教育机构中两国人员的占比,是通过合资上方商定的;RCEP 协定中明确规定印度尼西亚国籍人员的最低占比。四是在 IA-CEPA 中,教育机构的开设没有地域限制;RCEP 协定则明确限定在雅加达、泗水、万隆、日惹和棉兰等城市。

表 4.6 印度尼西亚在 IA-CEPA 中的教育服务开放承诺

除非另有规定,外国服务提供商的商业存在只能通过符合以下条件的教育机构进行:
在印度尼西亚注册并必须满足以下条件:
(1) 相关机构之间需要就学分、课程和证书达成互认安排;
(2) 提供服务的外国教育机构必须与当地合作伙伴建立合作伙伴关系。外语教师必须是印度尼西亚语母语者;
(3) 外国教育机构必须列入教育和文化部认可的外国教育名录,且其当地合作伙伴必须获得认可;
(4) 尽管有水平承诺,商业存在仍应以基金会(yayasan)的形式建立;
(5) 外国教育机构可与当地合作伙伴在雅加达、泗水、万隆、日惹、棉兰等城市开设教育机构;
(6) 教育工作者和负责工作者应至少包括百分之三十的印度尼西亚教育工作者;
(7) 除教育工作者和负责工作者人员外,员工人数应至少为百分之八十的印度尼西亚员工。

服务类型	市场准入	国民待遇	其他
B. 初等教育服务中的技术和职业中等教育服务(电子、汽车)(CPC 92230)	1. 没有限制 2. 没有限制 3. 除水平承诺外没有限制	1. 没有限制 2. 没有限制 3. 除水平承诺外不作承诺	
C. 高等教育服务工作培训。(技术和职业教育服务)上述一般条件不适用于该行业	1. 没有限制 2. 没有限制 3. 除水平承诺外没有限制	1. 没有限制 2. 没有限制 3. 没有限制,除非: a. 合资企业中外国人所持股本不得超过 67% b. 澳大利亚和印度尼西亚培训师和行政人员的比例将由合资双方商定	没有地理或主题限制。澳大利亚能够提供澳大利亚资格框架资格,印度尼西亚资格框架 1—5 级资格和非奖励课程。应接受澳大利亚对培训师的要求。

续表

其他高等教育服务（CPC 9239）科学、技术、工程、数学和现代商业课程优先	1. 没有限制 2. 没有限制 3. 没有限制，除非需要通过合作的形式	1. 没有限制 2. 没有限制 3. 没有限制，除非： a. 以非营利法人形式 b. 外国人可以拥有 100% 的资本份额 c. 相关机构之间需要就学分、课程和证书达成互认安排 d. 外语教师须是英语母语者 e. 外国教育机构必须获得澳大利亚认可并在研究、技术和高等教育部列出 f. 印度尼西亚任何需要进行经济需求测试的地方 g. 对外国服务提供商的许可要求可能与适用于印度尼西亚服务提供商的许可要求有所不同 h. 四门必修科目应纳入课程并由印度尼西亚教育工作者讲授
D. 成人教育服务语言课程培训（CPC 924）	1. 没有限制 2. 除水平承诺外没有限制 3. 除水平承诺外没有限制	1. 没有限制 2. 没有限制 3. 除水平承诺外不作承诺
E. 其他教育服务只针对足球和国际象棋的其他教育服务（CPC 929）	1. 没有限制 2. 除水平承诺外没有限制 3. 除水平承诺外没有限制	1. 没有限制 2. 没有限制 3. 除水平承诺外不作承诺

资料来源：https://www.dfat.gov.au/trade/agreements/in-force/iacepa/iacepa-text/default。

从这个角度分析，如果是澳大利亚相关机构发展对印度尼西亚的教育服务贸易，其选择 IA-CEPA 比选择 RCEP 协定在一些方面是更加有利的，如在外资占比方面。而在另一些方面选择 RCEP 协定是更加有利的，如在高等教育服务方面。由此可见，双边协议与诸边协议相比，并不存在某种协议开放程度一定高于另一种的规律，需要具体问题具体分析。

具体而言，印度尼西亚在 IA-CEPA 与 RCEP 协定中的教育服务开放承诺分别如表 4.6、表 4.7 所示。

表 4.7　印度尼西亚在 RCEP 协定中的教育服务开放承诺

清单 B		49	
	部门	教育服务	
	分部门	技术和职业中等教育服务（电子、汽车）（CPC 92230）	
	涉及义务	市场准入（第 8.5 条）	
	描述	印度尼西亚保留就第 8.1 条（定义）第（r）（iii）项所定义的服务贸易采取或维持任何措施的权利，该措施要求通过商业存在的供应以合资企业的形式满足以下条件： (a) 需要相关机构之间在学分、课程和证书方面的互认安排； (b) 外国教育服务供应商必须与国内合作伙伴建立合作关系； (c) 外语教师必须是印度尼西亚语母语人士； (d) 外国教育服务供应商必须在教育和文化部认可的外国教育名单中列出，其国内合作伙伴必须获得认可； (e) 外国教育服务供应商与国内伙伴合作，可在雅加达、泗水、万隆、日惹和棉兰等城市开设教育机构； (f) 商业存在应以 yayasan（基金会）的形式建立； (g) 教育工作者人数应至少包括 30% 的印度尼西亚教育工作者； (h) 除教育工作者和负责人以外的雇员人数应包括至少 80% 的印度尼西亚国民。	
		50	
	部门	教育服务	
	分部门	专上技术和职业教育服务（理工机电）（CPC 92310）	
	涉及义务	国民待遇（第 8.4 条） 市场准入（第 8.5 条）	

续表

清单 B		
	描述	印度尼西亚保留就第 8.1 条(定义)第(r)(iii)项所定义的服务贸易采取或维持任何措施的权利,该措施要求通过商业存在的供应以合资企业的形式满足以下条件: (a) 外国人在合资企业中的股权不得超过 51%; (b) 需要相关机构之间在学分、课程和证书方面的互认安排; (c) 外国教育服务供应商必须与国内合作伙伴建立合作关系; (d) 外语教师必须是印度尼西亚语母语者; (e) 外国教育服务供应商必须被列入教育和文化部认可的外国教育名单,其国内合作伙伴必须获得认可; (f) 外国教育服务供应商与国内合作伙伴合作,可在雅加达、泗水、万隆、日惹和棉兰等城市开设教育机构; (g) 商业存在应以 yayasan(基金会)的形式建立; (h) 教育工作者人数应至少包括 30% 的印度尼西亚教育工作者; (i) 除教育工作者和负责人以外的雇员人数应包括至少 80% 的印度尼西亚国民; (j) 对外国服务供应商的许可要求可能不同于适用于印度尼西亚服务供应商的要求。
	51	
	部门	教育服务
	分部门	(a) 成人教育服务(CPC 924)仅用于语言课程和培训; (b) 仅针对足球和国际象棋培训中的其他教育服务(CPC 92900)。
	涉及义务	市场准入(第 8.5 条)
	描述	印度尼西亚保留就第 8.1 条(定义)第(r)(iii)项所定义的服务贸易采取或维持任何措施的权利,该措施要求通过商业存在的供应以合资企业的形式满足以下条件: (a) 需要相关机构之间在学分、课程和证书方面的互认安排; (b) 外国教育服务供应商必须与国内合作伙伴建立合作关系; (c) 外语教师必须是印度尼西亚语母语人士; (d) 外国教育服务供应商必须列入教育和文化部认可的外国教育名单,其国内合作伙伴必须获得认可; (e) 外国教育服务供应商与国内伙伴合作,可在雅加达、泗水、万隆、日惹和棉兰等城市开设教育机构; (f) 商业存在应以基金会(yayasan)的形式建立; (g) 教育工作者人数应包括至少 30% 的印度尼西亚教育工作者; (h) 除教育工作者和负责人以外的雇员人数应包括至少 80% 的印度尼西亚国民。

资料来源:参见 http://fta.mofcom.gov.cn/rcep/rceppdf/08%20ID's%20Annex%20III%20(Services).pdf。

4.6 文莱的教育服务开放承诺

文莱没有单独与中国签订自由贸易协定,也没有基于 GATS 作出教育服务开放承诺。文莱仅在 RCEP 协定中,对教育服务作出了负面清单形式的开放承诺(表4.8)。文莱在 RCEP 协定中的教育服务开放规定可以分为四个方面。一是成人教育服务机构仅限合资形式,且外方股权不超过 49%,外国雇员不超 10%。二是外语培训服务机构仅限合资形式,且外方股权不超过 49%,高级管理人员多数应当为文莱国民。三是文莱保留私立教育领域内教育机构外方雇员和外方高等级管理人员的数量、教育机构的数量和外方股权等方面的权利。四是文莱保留高等教育

表 4.8 文莱在 RCEP 协定中的教育服务开放承诺

		29
清单 A	部门	教育服务
	分部门	成人教育,最长为期三个月的课程(私立教育),其他教育服务(外语培训中心)
	涉及义务	国民待遇(第 8.4 条和第 10.3 条) 市场准入(第 8.5 条) 高级管理层和董事会(第 10.7 条)
	描述	1. 外国人和企业不得通过商业存在提供成人教育服务,除非: 　(a) 通过在文莱达鲁萨兰国设立的合资企业,外国公民或企业在任何此类提供成人教育服务的企业中拥有的股权不超过 49%; 　(b) 外国雇员不超过劳动力的 10%。 2. 外国人和企业不得通过商业存在提供外语培训中心,除非: 　(a) 通过在文莱达鲁萨兰国设立的合资企业,外国公民或企业在任何此类提供外语培训服务的企业中拥有的股权不超过 49%; 　(b) 所设立的任何此类企业中的大多数高级管理人员都是文莱国民。
	规章	《教育法》(第 210 章) 《行政措施和指导方针》

续表

清单 A		48	
	部门	私人教育服务	
	分部门	—	
	涉及义务	国民待遇(第 8.4 条和第 10.3 条) 市场准入(第 8.5 条) 当地存在(第 8.11 条) 高级管理层和董事会(第 10.7 条)	
	描述	文莱达鲁萨兰国保留采取或维持与为文莱达鲁萨兰国公民提供私立教育服务有关的任何措施的权利,包括以下措施: (a) 外国公民或公司在学校和高等教育机构所有权中的股权; (b) 可在文莱达鲁萨兰国设立的学校和高等教育机构的总数; (c) 雇员总数,包括教师; (d) 高级管理人员或董事会的国籍。	
	规章	—	
		49	
	部门	教育服务	
	分部门	成人教育,最长课程时间三个月(私人教育)	
	涉及义务	国民待遇(第 8.4 条)	
	描述	文莱达鲁萨兰国保留对与成人教育有关的商业存在采取或维持任何措施的权利,对于最长为期三个月的私立教育课程,清单 A 中规定的除外。	
	规章	《教育法》(第 210 章)	
		50	
	部门	高等教育服务	
	分部门	—	
	涉及义务	市场准入(第 8.5 条) 当地存在(第 8.11 条) 禁止性规定(第 10.6 条) 高级管理层和董事会(第 10.7 条)	
	描述	文莱达鲁萨兰国保留采取或维持与向文莱达鲁萨兰国公民提供高等教育服务有关的任何措施的权利。	
	规章	《教育法》(第 210 章)	

续表

清单 A	51	
	分部门	初等教育服务和中等教育服务中的国际学校
	涉及义务	国民待遇(第 8.4 条) 市场准入(第 8.5 条)
	描述	文莱达鲁萨兰国保留采取或维持与小学和中学教育阶段国际学校有关的任何措施的权利。
	规章	—

资料来源:参见 http://fta.mofcom.gov.cn/rcep/rceppdf/06%20BN's%20Annex%20III.pdf。

服务相关权利,保留初等和中等教育服务中国际学校的相关权利。

4.7 澳大利亚的教育服务开放承诺

澳大利亚将教育服务开放承诺列举在 RCEP 协定的清单 B(表 4.9)中。在清单 B 的说明文件中,澳大利亚表示,为避免疑义,关于教育服务,第 8 章(服务贸易)

表 4.9 澳大利亚在 RCEP 协定中的教育服务开放承诺

清单 B	10	
	部门	教育
	分部门	—
	涉及义务	国民待遇(第 8.4 条和第 10.3 条) 市场准入(第 8.5 条) 最惠国待遇(第 8.6 条和第 10.4 条) 本地存在(第 8.11 条) 禁止性要求(第 10.6 条) 高级管理层和董事会(第 10.7 条)
	描述	服务贸易和投资 澳大利亚保留采取或维持与初等教育有关的任何措施的权利
	现有措施	—

续表

市场 准入 规定	部门或 分部门	中等教育服务（CPC 922**） 高等教育服务（CPC 923**） 其他教育服务（CPC 929**）
	市场准入	1. 没有限制 2. 没有限制 3. 没有限制

资料来源：参见 http://fta.mofcom.gov.cn/rcep/rceppdf/02%20AU's%20Annex%20III.pdf。

或第 10 章（投资）中的任何内容均不得干扰：（a）个别教育和培训机构在招生政策（包括考虑学生机会均等和承认学分、学位）、设定学费和制定课程或课程内容方面保持自主权的能力；（b）教育和培训机构及其方案的非歧视性认证和质量保证程序，包括必须达到的标准；（c）政府向教育培训机构提供的资金、补贴或补助，例如土地出让、税收优惠和其他公共利益；（d）教育和培训机构需要遵守与在特定管辖范围内建立和运营设施有关的非歧视性要求。

　　具体来看，澳大利亚首先保留了与初等教育有关的任何措施的权利。其次，在其附表 A 中，澳大利亚的中等教育服务、高等教育服务和其他教育服务在跨境支付、境外消费和商业存在领域，均没有准入限制。

第5章
自由贸易协定下的商业存在教育服务

商业存在是指服务供应商在另一国家设立(或并购)子公司、分支机构或代表处,并通过后者提供服务。在教育服务贸易领域中,商业存在最典型的表现形式就是国际分校。这其中又以高等教育阶段的国际分校的影响最大、受关注程度最高、代表性最为突出。本章以高等教育国际分校为对象,分析这种商业存在模式在全球自由贸易区中的发展。

5.1 高等教育国际分校

根据由迈阿密大学和宾夕法尼亚州立大学成立的跨境教育研究小组(The Cross-Border Education Research Team,C-BERT)的界定,高等教育国际分校是这样一种教育形态:人才培养过程至少有一部分是由外国高等教育机构拥有的实体提供的;该实体机构以外国教育机构的名义运营并提供完整的学术课程,基本是现场提供;并获得由外国教育机构颁发的学位。[1]

教育资源的跨境流动有两个主要趋势:一是由教材、人员的流动向机构的流动

---

[1] Cross-Border Education Research Team (2024. 3. 1), C-BERT International Campus Listing[Data originally collected by Kevin Kinser and Jason E. Lane], Available: http://cbert.org/resources-data/intl-campus/Albany, NY: Author.

转变;二是流动目的从教育援助、教育交流向获取经济利益转变。对于趋势一,机构流动主要体现为高等教育国际分校。国际分校所提供教育的完整性和系统性更强、运行相对持续和稳定、影响力更大,因此逐渐成为跨境高等教育的重要载体和主要研究对象。① 对于趋势二,经济利益一方面驱动了多类主体参与,丰富了跨境高等教育的发展方式;另一方面加剧了市场竞争,集中表现为教育输出国抢占新兴市场,部分教育输入国也变革引进方式,发挥出优质教育资源的集聚效应和辐射效应。

从全球高等教育国际分校建设情况来看,根据 C-BERT 的统计,截至 2023 年 3 月,全球共有 333 所国际分校,涉及 39 个输出国和 83 个输入国。美国(84 所)、英国(46 所)、俄罗斯(39 所)、法国(38 所)、澳大利亚(20 所)等是主要的国际分校输出国。中国(47 所)、阿联酋(30 所)、新加坡(16 所)、马来西亚(15 所)、卡塔尔(11 所)等是主要的国际分校输入国家。②

从国际教育服务贸易的角度来看,作为跨境支付的主要表现形式,多种类型的高等教育留学教育是国际教育服务贸易最主要的组成部分,这一点从国际教育服务贸易诞生之日至今均是如此。但近年来,作为商业存在的主要表现形式,高等教育国际分校的发展势头强劲。一是国际分校的数量快速增长。输出国加紧在东亚、东南亚、中亚、南亚等人口密集、受教育需求较强、教育服务发展潜力较大的地区布局国际分校;包括但不限于前述地区的国家,将高等教育国际分校视为一种优质的或者类型化的国际教育资源加以引进。二是国际分校的发展模式的演进。国际分校的发展模式有了多种类型的探索,既有个别或若干学校引进的模式、独立引进或合作办学的模式、自由贸易园区办学模式,也有设立专门发展国际分校的教育特区的发展模式。三是国际分校的管理机制日益完善。国际分校已成为一种相对独立的高等教育类型,与在单一国家内举办的形式不同,国际分校的跨境办学模式已经发展出包括跨境教育质量保障、跨境学生培养、跨境师资管理等在内的诸多配

---

① Knight J, Liu Q., "Missing but needed: Research on transnational education", *International Higher Education*, 2017(88):15—16.

② Cross-Border Education Research Team (2024. 3. 1), C-BERT International Campus Listing[Data originally collected by Kevin Kinser and Jason E. Lane], Available: http://cbert.org/resources-data/intl-campus/Albany, NY: Author.

套管理机制。四是国际分校的影响力越来越大。国际分校在发展之初的确存在一定乱象,但在市场竞争、主权国家监管、行业自律等多种因素的作用下,国际分校的发展愈发规范,其质量有了一定的保障,不论在国际分校的输出国还是输入国,国际分校的形式和价值均得到认可。

5.2　国际分校的办学模式

经过多年的发展,全球国际分校形成多种办学模式。由于国际分校是可以独立授予学位的,涉及教育主权问题,所以从全球经验来看,国际分校的设立通常不仅需要所在地教育行政管理部门的管辖,而且需要国家层面相关部门的许可。在WTO成立及GATS生效之前,国际分校的设立通常没有一致的模式与规范,最常见的就是在一个主权国家范围内,根据国家发展实际需求和发展目标引进一所或若干所国际分校。

GATS成立之后,国际分校的设立有了一套确定性的规范,即国际服务贸易模式。各国在GATS框架下,依照联合国中心产品目录的界定,明确本国教育服务的开放种类和开放程度。在GATS之后,有很多自由贸易协定均包含教育服务的商业存在开放承诺。国际服务贸易的规范形式为高等教育国际分校的发展提供了重要支撑。

当然,并不是有了国际服务贸易规范,全球的高等教育国际分校就会均按照此规范发展。一是有些国家并没有基于GATS或其他国际贸易协定作出开放教育服务贸易领域商业存在的承诺,即使作出了相关承诺,也有这样或那样的限制条件。二是国际贸易协议仅对签署方有约束力,当一国面对其他国家时,不一定完全采用国际贸易协议的规范。三是国际分校建设涉及的相关规制较为复杂,国际贸易规则通常将重点放在对市场准入和国民待遇方面进行原则性规范,具体到办学的诸多细节,还要参照一国内部相关法律法规。所以,实践中的国际分校办学模式较为多样。这里只介绍三种具有一定代表性的模式。

5.2.1　自由贸易园区办学模式

自由贸易园区是国际贸易发展到一定阶段的产物,"境内关外"是其最显著的特征。通常,自由贸易园区的主要作用是发展货物贸易。但随着国际贸易的发展,服务贸易已经成为重要业务。既然教育被纳入国际贸易体系,那么是否有自由贸易园区发展教育服务的呢? 答案是有。首个,也是目前规模最大、发展最好的发展教育服务的自由贸易园区,位于阿联酋。

在阿联酋,自由贸易园区通常被称为"自由区"(free zone)。根据海关合作理事会通过的《关于简化和协调海关业务制度的国际公约》(简称《京都公约》)的界定,自由区是指缔约方领土内的一部分,进入这部分的任何货物就进口税费方面通常视为关境之外,并免于惯常的海关监管。

阿联酋设立了 40 多个自由区,涉及通信、运输、医疗、教育和金融等多种领域。在这些自由区中,有 9 个自由区内设有国外大学的分校,更特别的是,迪拜酋长国专门设立了两个以教育为主题的自由区:迪拜知识村和迪拜国际学术城。这两个教育自由区吸引了众多国外大学在此建立分校。这样,阿联酋逐渐形成了自由贸易园区办学的国际分校发展模式。该模式有三大特点。

1. 开放学校设立,落实一般自由区的优惠条件

教育自由区保留了一般自由区开放性、服务性、税费优惠等特征。在市场准入和国民待遇方面,阿联酋在自由区实施了比 GATS 更为开放的条件;在设立机制方面,实行开放式的网上注册,并明确规定各个步骤的审核时间,实行高效率的注册服务;在所有权和收益分配方面,自由区内的高等教育机构享有完全的外国所有权、完全的免税权、完全的汇回利润;学生、教师和教职工的签证手续更加简便易行。

2. 政府不干预学校运行,由市场自主决定

阿联酋对自由区内国际分校的管理与企业管理非常相似,如不限定注册学校的来源、办学层级和开设专业,学校自主决定教职工的聘用和学生录取,自主决定学位授予,自主实施科研活动,等等。高度开放和市场化的运作方式吸引了很多学校前来设立分校,阿联酋一度兴起"教育热",造成市场供大于求的局面,致使一些

运行困难的学校不得不关闭。阿联酋成为近年来国际分校关闭数最多的国家。

3. 针对教育的保障性规定

教育服务具有高度专业、延迟消费和信息不对称等特点,消费者在购买教育服务时很难对服务质量作出准确判断。为保障教育服务质量,维护购买者的合法权益,营造良好的教育服务市场环境,政府需要采取异于企业管理的方式,制定相应的教育保障措施。以迪拜酋长国为例,政府主要通过以下三类制度建设,保障国际分校健康发展。

(1) 教育质量的审查和保障机制。包括学校设立阶段的质量审查和学校年度审查两类。设立阶段的质量审查包括学校管理和治理机制、开设项目质量、学生管理机制、教师管理机制、行业和社会参与情况,以及学校支持性服务质量等。年度审查主要通过年度报告的形式,由教育机构向相关部门汇报本年度学术、行政管理和财务等方面的主要信息,相关部门对此信息进行备案,并作为审查的依据。

(2) 学生保护机制。一是学生信息保护。学校必须妥善保管学生的学业信息,包括学生基本信息、专业信息、成绩信息,以及所获证书或资质信息。此外,分校必须出具证明材料,证明在分校注册入学的学生在本校学生档案中同样在册。二是学生安置义务,明确教育机构在遭遇暂停或终止办学等特殊情况时,确保在校学生能够通过更换专业、到其他机构求学等途径继续完成学业,或者提供其他解决方案。为保证此义务的履行,学校在设立时需要提供相应的保证金。

(3) 广告监督机制。迪拜设立了专门机构负责教育机构所有广告和营销材料的审核。教育机构在发布任何类型的广告或营销材料前,必须进行审查。审查主要包括准确性审查,所有材料必须合法、合理、真实,不得存在误导性信息;权威性审查,列举奖项必须具有相应证明,包括授予机构、获奖日期和有效期限,不经允许或未获得认证,不得发布质量认证或相关信息;时效性审查,未获认证的项目或课程不得进行宣传,相关设施如果处于在建或尚未就绪状态,应当披露,并注明可能的开始运作日期。

市场主导,是自由贸易园区办学模式最显著的特点。自由贸易园区的特殊性,不仅进一步确保了市场的主导地位,而且在一定程度上适应了国际学校的组织特性。灵活开放的办学设置与自由的办学竞争,有效地发挥了市场机制的作用。与此同时,"看得见的手"在跨境教育质量保障、学生保护、教育机构监管等方面肩负重要职责,比较有效地确保了市场在相对稳定和规范态势下的健康发展。自由贸易园区办学模式为国际分校以及其他商业存在形式的发展提供了很好的借鉴。全球有不少国家开始效仿阿联酋的做法。

但该模式也存在一些值得深入探讨的问题。首先,对市场环境的要求较高。开放式办学和自由化竞争对市场环境的国际化、法制化和开放性等方面有较高的要求,在相应体制机制不健全的时候,是不能盲目开放教育服务市场发展国际分校的。其次,对消费能力的要求较高。国际分校绝大多数是营利性质的或带有营利目的的,如果将国际分校提供的教育服务视为一种相对质量较高,或者类型较为新颖的服务,那么它的价格一定是较高的。如果一国国内,以及周边国家不具备一定数量的潜在消费群体,或者该国际分校的吸引力较差,无法吸引相应数量的学生就读,那么该国际分校的运行将非常困难。在阿联酋发生过类似的事件。由于国际分校大量且快速地设立,但是学生的增长速度跟不上,导致很多学校终止办学,阿联酋在"办学潮"之后还经历了"关门潮"。最后,对政府教育管理能力的要求较高。对于教育机构资质和教育服务质量的监管,阿联酋采取的是以一致性为核心的政府主导的质量保障机制,以及以同等性为核心的人才培养机制。该管理机制在海湾地区的卡塔尔也有运用。正是这种管理机制的创新,保障了国际分校在该地区的快速发展。这种管理机制在全球其他国家或地区的运用较少。当然,并不是必须采取此种管理措施才能确保国际分校的发展,而是提醒发展国际分校的国家,必须在遵循教育规律和国际服务业规律的基础上,结合本国实际制定出一套相对系统的管理体制和机制。

5.2.2　政府主导的办学模式

除市场之外,政府也是发展国际分校的重要力量。政府主导国际分校的发展,常见的目标有升本国教育质量、丰富教育类型供给、增进国际交往、提高教育国际化水平等。但在教育被纳入国际贸易体系之后,政府发展国际分校及其他各类教育服务的目的就更多样了。在国际贸易谈判中,为了达成协议的整体性通过,各类服务开放程度的确定需要匹配国家贸易发展需求和国际贸易发展战略。在 GATS 谈判中,一些国家为了与教育服务优势国家达成协议,以相对更大的程度开放本国教育服务市场,以此获得本国其他服务业或产业的发展机会。还有一些国家致力于培养和壮大本国的教育服务业,努力扩大教育服务出口,这些国家教育服务的发展目标和发展方式与传统的提升教育质量、促进教育国际化等有显著的差别。

近年来,政府主导的国际分校办学模式出现了一种新模式,突出代表是卡塔尔。卡塔尔设立了发展国际分校的特别区域,并在该区域内实施特殊优惠措施。卡塔尔的国际分校发展模式与阿联酋有一定的差别,其教育服务开放程度并不高。事实上,卡塔尔并没有基于 GATS 承诺开放本国教育服务。卡塔尔对国际分校也没有采取开放办学的方式,分校的引进带有显著的政府导向。经过多年发展,卡塔尔各分校运行状况平稳,至今未有关闭的情况;引进高校平均国际排名远高于同地区国家所引进的高校。卡塔尔因此形成了自己独特的发展模式。

1. 政府投资兴建基础设施并提供多项经费支持

卡塔尔教育、科学与社会发展基金会(Qatar Foundation for Education, Science and Community Development,QF)是该国跨境高等教育发展的主要推动机构。QF 最大的成就之一便是投资建成多哈教育城。多哈教育城位于多哈西郊,占地约 14 平方公里,经过六年的建设于 2003 年正式揭牌运行。多哈教育城内建有从学前教育到高等教育的各类教育机构和研究机构,并出台了多项促进教育发展的政策。教育城在十年左右的时间吸引了 6 所美国大学、1 所英国大学和 1 所法国大学共计 8 所大学在此设立分校(弗吉尼亚联邦大学卡塔尔分校、威尔康奈尔医学院卡塔尔分校、得克萨斯农工大学卡塔尔分校、卡内基梅隆大学卡塔尔分校、乔治城大学卡塔尔分校、西北大学卡塔尔分校、巴黎高等商业研究院卡塔尔分校,以及伦敦大学学院卡塔尔分校)值得注意的是,除了卡内基梅隆大学设有另一所研究生层次的海外分校外,其他大学在卡塔尔的分校均是其第一所,也是唯一的海外分校。

卡塔尔对国际分校的支持不仅表现在提供基础设施方面,还包括经费支持,具体有:(1)由 QF 承担分校基本建设费用和运行费用;(2)由 QF 承担相关设施维护和优化费用;(3)提供管理费,QF 每年支付各分校一笔管理费,用于主校在管理和监管分校过程中发生的相关费用;(4)提供丰厚的奖学金和助学金,QF 以及其他部门针对教育城的学生设立了多种奖学金和助学金。

2. 政府邀请国外高校前来办学

卡塔尔高等教育市场并非完全开放,教育城采用的是邀请制模式。具体而言,QF 参照国家发展规划归纳未来卡塔尔经济社会发展所需要的人才类型,进而聚焦这些人才的专业种类,并在该专业领域内挑选最好的大学进行洽谈,协商来卡塔尔办学事宜。事实证明,多哈教育城的确引进了较高水平的分校。

除巴黎高等商业研究学院之外,其他分校的主校均为研究型大学;且伦敦大学学院、康奈尔大学、西北大学和卡内基梅隆大学分别位居美国《新闻周刊》评选的2019 年世界大学排名的第 21、23、24、81 位,综合实力较强。入驻高校开设的专业多数为本校的优势专业。其中,弗吉尼亚联邦大学的艺术类专业、得克萨斯农工大学的工程类专业、卡内基梅隆大学的计算机类专业以及西北大学的新闻类专业在各自领域均享有世界声誉,这些专业在多哈教育城都有开设。

3. 赋予国际分校带动和促进本国发展的义务

卡塔尔通过一系列政策,使国际分校能够带动和促进本国的发展。(1)竞业禁止。已在多哈教育城开设的分校不得在中东地区开设其他授予相同学位的项目。此举意在保证多哈教育城的竞争力,也体现了跨境高等教育市场化发展趋势。(2)临时入学(provisional admission)政策,即允许尚未达到但接近学校录取标准的本国学生,在规定期限内跟随正式录取学生修习相关课程;不论他们最终是否达到录取标准,其学业信息均得到记录。(3)限定本国公民比例。对录取学生中本国公民的最低占比进行规定。(4)就业优先聘用。分校在就业促进方面,要有专门针对卡塔尔毕业生的条款;分校聘用教师和学术类职位时,在同等条件下应当优先考虑卡塔尔公民。

5.2.3　教育中枢模式

高等教育对于区域和国家经济社会发展的作用愈发受到各国的重视,国际分校作为一种特殊类型的高等教育机构,自然也受到关注。在全球化深入发展的时代,各行各业似乎都默认了国际化的发展目标,高等教育也是如此。多数国家的大学都确立了国际化的基本办学目标。作为自带国际化底色的高等教育国际分校,受到关注和重视也就不足为奇了。在上述背景下,一些国家强调通过引进国际教育资源,强化该资源同所在地的社会经济发展进行深度耦合,从而提升本地在区域中的竞争优势和领先地位。在此过程中,一些国家有意识地集聚区域乃至全球教育资源,并将这些教育资源投入区域教育培训、知识创新和产业发展等过程中,逐步发展和形成了区域教育中枢(education hub)策略。

教育中枢是一种区域性计划,目的在于吸引外国投资机构和外国教育机构,通过为国际学生和本地学生提供高质量的高等教育建立优良的声誉,同时发展知识经济。[①]卡塔尔是全球最早宣称要打造教育中枢的国家之一;阿联酋则拥有目前世界上规模最大的教育中枢;巴林于 2009 年宣布将与科威特金融投资公司一起,进行一项投资达十亿美金的教育中枢战略建设,这一计划虽然并未完全实现,但巴林在《国家高等教育战略(2014—2024 年)》中,提出了建设"具有强大质量品牌影响的优质私立高等教育机构的区域中心"的目标。[②]目前,世界上形成中的区域教育中枢主要集中在长期引入高水平跨境高等教育资源的中东地区(阿联酋、卡塔尔和巴林等地)和亚洲地区(新加坡、马来西亚、韩国和中国香港等地),这些地区各自的发展也呈现出多样化特征。

有学者将教育中枢总结为学生中枢(student hub)、人才中枢(talent hub)和知识/创新中枢(knowledge/innovation hub)三种模式。这三种模式均是在经济发展、教育与培训发展、人力资本提升、技术提升四种主要作用因素的交互作用下形成的。

三种教育中枢的投资模式有一定区别。对马来西亚而言,主要投资方是马来西亚国库控股公司(Khazanah Nasional Bhd.);其本土公共投资约占教育中枢总投资的 50%,本土私人投资约占 40%,剩下的 10% 为境外私人投资。卡塔尔政府几乎完全包办了教育中枢的全部投资,据估计本土公共投资在卡塔尔教育中枢总投资的比例高达 98%,本土私人投资占卡塔尔人才中枢的总投入不到 2%。新加坡的公共投入虽然不及卡塔尔,但从新加坡政府将自己定义为教育中枢的风险投资家角色可见,公共投入占比应当具有相当比例。结合教育中枢的发展定位、驱动力

① 邹晓东、程春子:《区域教育中枢:面向经济区域化的跨境高等教育新进展》,《高等教育研究》2018 年第 5 期,第 32—37 页。

② 资料来源:https://andp.unescwa.org/sites/default/files/2021-07/bahrain%20higher%20education%20strategy%202014-2024.pdf。

以及投资方等方面的信息,可以看出在教育中枢的发展过程中,政府力量要相对更显著一些,市场力量居于次位。

5.3　自由贸易协定中的国际分校发展情况

在教育服务被纳入国际服务贸易体系之际,作为商业存在的主要表现形式的高等教育国际分校,实际已成为自由贸易区建设过程中不可回避的话题。很多自由贸易协定中都有关于跨境办学的规定,各国依据本国国情和发展需要,对跨境办学作出了不同程度的开放承诺。本章将对与中国签订自由贸易协定的国家的国际分校情况进行统计(参见本章附表1、附表2)。

5.3.1　国际分校输出

1. 国际分校输出情况

从统计情况来看,可以分为三个梯队。第一梯队是澳大利亚。澳大利亚的国际分校输出能力最强。澳大利亚分别与 11 个国家和地区建立了 20 所国际分校。其中,在新加坡建有 4 所分校、马来西亚 3 所、中国 3 所、阿联酋 3 所、越南 2 所。可以看出,澳大利亚的国际分校输出方向,主要是在东亚和东南亚。第二梯队是日本和马来西亚。日本在全球布局了 6 所国际分校,其中 4 所在中国、2 所在美国。马来西亚在全球布局 4 所国际分校。在第三梯队中,韩国在全球布局了 3 所国际分校,瑞士布局了 2 所,智利、新西兰、巴基斯坦、菲律宾各布局了 1 所。

2. 输出特征

与中国签订自由贸易协定的国家中,除了澳大利亚外,其余国家的国际分校输出规模都是较小的。这些国家国际分校建设有三种类型。一种是相对本国高校数量而言,其国际分校的数量较少,最典型的就是中国。二是将国际分校视为一种扩大国际影响力的途径,相对本国高等教育发展质量而言,其国际分校的建设数量较少,最典型的就是日本。三是以新西兰和新加坡为代表,其高等教育吸引国外留学生的能力出众,但建设国际分校的数量则较少,不以建设海外分校为主要发展方式。

(1)重点国家输出。重点国家的类型有三种。一是招生潜力较大的国家,这些国家通常人口规模较大,如中国。二是优惠政策较大的国家,如阿联酋。三是区域重点国家,可以该国为突破点来开拓区域市场,例如,詹姆斯库克大学(James Cook University)在新加坡开设国际分校,其重要目标就是以新加坡为依托,开拓亚洲地区的教育市场,将自身打造成一所区域性国际大学。(2)临近区域输出。向周边国家和临近区域输出是国际分校输出分布的一种典型特征。例如,澳大利亚的主要输出区域是东南亚和东亚,日本主要面向中国建设国际分校,而中国则在老挝、马来西亚和新加坡建设国际分校。(3)基于较长的交往历史。一些国家之间看似距离遥远,但国际分校建设合作密切,这通常基于两国较长的交往历史。最具代表性的就是马来西亚和英国。英国在马来西亚建有 6 所国际分校,马来西亚在英国也建有 1 所国际分校。

5.3.2 国际分校输入

1. 国际分校输入情况

可以说,在与中国签订自由贸易协定的国家当中,有不少是国际分校的主要输入地。与输出国的梯队划分类似,根据输入国的情况也可以将其划分为三个梯队。

第一梯队是中国。中国是全球国际分校布局最多的国家,布局在中国的分校中,来自美国的高校有 17 所,英国有 9 所,法国有 5 所,日本有 4 所,澳大利亚和爱尔兰均有 3 所,其余国家还有俄罗斯、土耳其等。可以明显看出,一是美国是中国的国际分校主要输入国;二是鉴于美、英、澳、爱四国均是英语国家,均以英语教学并采用英美教育模式,因而在中国的国际分校教育中占据主导地位。第二梯队是新加坡、马来西亚、韩国、毛里求斯和日本。新加坡共有 16 所国际分校,马来西亚有 15 所,韩国有 7 所,毛里求斯有 6 所,日本有 5 所。在新加坡的 16 所国际分校中,澳大利亚和美国分别有 4 所,法国有 3 所,印度和英国各有 2 所,德国有 1 所。在马来西亚的 15 所国际分校中,英国有 6 所,澳大利亚有 3 所,爱尔兰有 3 所,中国、法国和新加坡各有 1 所。在韩国的 7 所国际分校中,美国有 4 所,比利时、法国和德国各有 1 所。在毛里求斯的 6 所国际分校中,英国有 3 所,澳大利亚、法国和印度各有 1 所。在日本的 5 所中,加拿大、法国和新西兰各有 1 所,美国有 2 所。从第二梯队的情况可见,美国、澳大利亚和英国是主要的国际分校来源国;同时,法国、印度、爱尔兰、加拿大等国,也在这些国家中有所布局。第三梯队是其他国家。澳大利亚、越南各有 3 所,格鲁吉亚、印度尼西亚、巴基斯坦、瑞士和泰国各有 2 所,哥斯达黎加、老挝和柬埔寨各有 1 所。

2. 国际分校输入特征

总的来看,中国,以及与中国签订自由贸易协定的国家,是国际分校较为集中的地区,中国、马来西亚、新加坡、韩国等都是主要的国际分校输入国。国际分校集中有三种类型。一是绝对数量多,以中国为代表。二是相对该国国土面积和高等教育规模,国际分校较为密集,以新加坡为代表。三是考虑该国高等教育发展规模和发展质量,国际分校数量较多,以马来西亚、毛里求斯和韩国为代表。

(1) 欧美国家占主导。上述国家的国际分校输入情况符合全球国际分校建设特征,一是美国"一家独大",在多数国家都建有美国的国际分校。二是英语教育及欧美教育体系占主导,除美国之外,英国、澳大利亚、加拿大得益于语言优势和教育模式优势,在上述很多国家都建有国际分校;欧洲大陆地区则以法国最具影响力。三是印度、土耳其在该地区的国际分校建设中也有一定的影响力。

(2) 发展中国家的国际分校较多,发达国家的国际分校相对较少。总的来看,国际分校主要还是建在发展中国家。发达国家中,除了新加坡的国际分校数量较多外,其余都是较少的;且发达国家的国际分校,通常是由发达国家的高校建立的。如新西兰只有 2 所国际分校,且都是美国的大学所建。日本的 5 所国际分校全部由发达国家的高校创建。

(3) 国际分校建设仍有巨大潜力。一是一些国家具有较大的人口规模,招生潜力巨大。如印度尼西亚是世界第四人口大国,2022 年 12 月人口统计达 2.76 亿。而且在印度尼西亚人口中,青年人比例较高。据统计,2020 年印度尼西亚 35 岁以下的人口占比为 57.6%,20—35 岁人口占 24.8%,20 岁以下人口占 32.8%;其中,15—24 岁人口达 4 499 万人。①具有类似人口优势的还有孟加拉国、菲律宾和泰国

---

① https://www.shujujidi.com/shehui/1040.html.

等。二是国家高等教育发展的阶段性特征。上述国家中有很多高等教育的发展水平并不高,其国内受教育需求强烈,高等教育国际化和特色化发展需求有待满足。三是部分国家仍未开放国际分校的建设,如菲律宾。

5.4 自由贸易区建设背景下发展国际分校的展望

结合既有的发展经验以及相关研究可以看出,自由贸易区建设背景下的国际分校发展有四个基本要素:一是遵循服务贸易发展的一般规律;二是要匹配教育发展的一般规律;三是要在贸易规律和教育规律之间实现有效协调;四是要呼应和匹配自由贸易区建设的整体布局。只有达成这四项要素,自由贸易区背景下的国际分校建设才可能有较好的发展。

5.4.1 遵循服务贸易发展的一般规律

从服务贸易发展的一般规律来看,发展商业存在教育服务有三个方面的主要诉求。一是弥补本国教育服务规模供给的不足。这一点在教育服务发展相对薄弱的国家和地区比较常见。由于本国教育服务供给能力相对较弱,并且短期内难以达成既定的教育服务供给,通过开放教育服务可以相对较快地引入外部资源支持,从而满足本国的受教育需求。二是提升本国优质教育服务的供给。这一点在高等教育服务领域比较常见。全球优质高等教育服务的分布是非常不均衡的,只有少数几个国家具备高质量教育服务的提供能力。与此同时,提升教育服务质量需要很高的资源投入,而且需要相对较长的发展时间。所以,有很多国家选择通过开放的方式引入高质量的教育服务,一方面满足本国对高质量教育服务的需求,另一方面带动本国教育服务的发展。三是丰富本国教育服务的类型供给。这一点在基础教育服务、其他教育服务领域比较常见。从类型维度来看,不同教育服务之间不存在纵向的质量差异,而存在横向的类型差别。教育服务的发展程度越高,教育服务在类型上的丰富程度就越高。一国缺乏某类教育服务的提供,即可能源自自身教育规模和教育质量供给不足,也可能源自发展此类教育服务的投入产出比过低。
在此条件下,通过开放的方式引入不同类型的教育服务,在经济上是具有较强合理
性的。

　　从服务贸易角度审视商业存在教育服务,有一个关键要素,即投入产出比。商
业存在是最有利于完整、系统和全面教育服务供给的服务提供方式,也是最有利于
保障教育服务质量的方式之一。但是,相对于其他服务提供方式,商业存在的成本
是最高的,需要软件、硬件和人员三个方面的持续投入。考虑到教育服务的特殊
性,其产出的体现通常需要相对较长的一段时间,且一般是通过间接方式体现的。
所以,这种"持续高投入、回报周期长"的服务方式,并不适用于所有国家,即使这些
国家对发展国际分校有很强的诉求。从既有经验来看,国际分校发展较好的国家,
要么是有充裕的生源供给,要么是具有较强的服务购买能力,要么是有开放程度较
高的政策性资源保障,要么则是具有相对发达且成熟的教育服务市场。反观一些
发展高等教育国际分校并不成功的案例,很多是由生源、资金和政策等投入不足造
成的。

5.4.2　匹配教育发展的一般规律

　　从教育发展的一般规律来看,发展商业存在教育服务有两个关键要素。一是
匹配输入国本国的教育质量标准。教育质量带有鲜明的地域性特征,不同国家和
地区对教育质量的界定是不同的,其本质是教育的外部质量观,即教育的发展受教
育外部政治、经济、社会、文化和科技等多种要素的重要影响。商业存在这种服务
提供方式,是一国教育服务对另一国的完整输出,因此会遇到最为全面且深刻的质
量"摩擦"甚至"冲突"。在输出国被视为高质量的教育服务,在输入国可能遭遇不
同甚至反面的评价。因此,调整教育质量标准,符合输入国本国的教育质量观,是
发展教育服务特别是商业存在教育服务的关键所在。例如,高等教育国际分校发
展较好的海湾地区国家,在宗教信仰和传统文化上均与西方差别较大。在吸引奉
行批判精神、独立思考和言论自由等价值的西方大学过程中,两者教育质量观的差
异是显而易见的。为此,一些海湾国家的国际分校作出了治理层面的相应调整。
例如,为应对医学教育领域的医学伦理与传统文化和跨文化的多重冲突,威尔·康

奈尔医学院卡塔尔分校一方面在教师应聘过程中,对教师的多元文化背景提出更高要求,并加强教师的跨文化培训;另一方面重新开发一套专门课程体系,增加医学人文学科方面的课程和培训,以便"当学生在医疗实践中处于传统文化观念和北美文化观念相冲突的道德两难境地时,(这些课程)可以为他们提供相应的知识、技能和态度"。①

二是满足输入国发展对相应教育的需要。教育质量的决定要素除了学科、学术领域的考量之外,还必须紧密结合当地发展需要。换句话说,"质量"再高的教育服务,如果无法匹配当地发展需求,也是没有长远生命力的。例如,阿联酋凭借高度开放和市场化的运作方式吸引了很多高等教育国际分校,一度兴起了"教育热"。但是大量增加的国际分校供给产生了三方面的问题。一是学科维度的低质量,即国际分校提供的教育服务在学科维度上是质量较低的。二是这些国际分校提供的教育服务,无法精准对接当地的发展需求。这就造成服务的消费者无法实现教育消费的投资回报。三是教育服务的规模超过了当地发展需求。因此,虽然在阿联酋国际分校的供给呈现一片繁荣的景象,但很快就出现了院校之间激烈竞争的局面,一些学校被迫停止办学,阿联酋也成为近年来国际分校关闭数量最多的国家。

5.4.3 有效协调贸易发展和教育发展规律

从贸易发展规律和教育发展规律的有效协调角度来看,关键是建立合理的跨境教育质量管理监督机制。如果完全依靠贸易规律来发展教育服务,极易造成教育服务的过度"市场化"。以海湾国家为例,这些国家国际分校的引入和发展带有强烈的实用主义特点,其专业和课程的选择紧密围绕市场和社会的需求,并非依据知识和学术逻辑。与此相适应,国际分校办学大多以教学为主,在研究方面较为薄弱;其多作为传播知识而不是生产知识的机构存在。从内部看,以科层制为表征的行政机制在逐步增强,行政人员或团队的影响力不断加大。相较而言,学术人员参与分校治理在减弱,在行政和学术事务中的权威和影响力逐步下降。也就是说,国

---

① 梁进:《医学伦理学和人文学科教育的全球化——卡塔尔威尔·康奈尔医学院改革中的教学法》,《复旦教育论坛》2006 年第 1 期。

际分校治理中市场和社会机制的影响不断增强,知识机制相对减弱。海湾国家解决这一问题的方式是通过签订契约的形式确定各方权责。这种方式在一定程度上维护了知识机制的作用,但仍存在一定问题。例如,契约协商过程中行政和市场机制的影响较大,知识机制影响较小或者根本未参与协商;若长期忽视知识机制的作用,此种看似保护学术自主权的契约将退化成一种定制化的商业合同,国际分校只不过是完成合同指定的任务,其学术组织的特性将逐渐泯灭。同样,如果完全依靠教育规律来发展教育服务,则会降低教育发展的动力,减少教育发展的有效资源,错失一些教育发展的机遇,长期来看是弊大于利的。由此来看,首先,对跨境教育质量的管理和监督应当确立教育的"跨领域质量观",突破从单一贸易或教育领域确立教育质量标准的局限。其次,跨境教育质量的管理和监督可以有三种基本范式。一是以输出国质量标准为主,例如阿联酋和卡塔尔等海湾国家采用一致性质量保障方式,完全与输入国高等教育监管相一致,并适当赋予其带动本地发展的义务。二是以本国教育质量标准为主,即引入的国际分校必须符合本国的相关教育标准,对其的监督也是同理。三是采用介于输出国和输入国两者之间的融合质量标准,并单独适用于以国际分校为代表的商业存在服务。

5.4.4　呼应和匹配自由贸易区建设的整体布局

从呼应和匹配自由贸易区建设的整体布局来看,商业存在教育服务要同其他教育服务提供方式相互协调,与其他服务贸易类型相互协调,与其他贸易类型相互协调,与整个自由贸易区建设布局相互协调。从商业存在教育服务同其他教育服务的协调角度来看,根据既有经验,国际间的教育发展与合作,通常在境外消费教育服务领域(如海外留学)有率先发展,境外消费教育服务的发展在很大程度上能够有利于商业存在的发展。跨境支付教育服务与商业存在教育服务,在"线上+线下"模式下,能够提供有效的相互支撑。此外,商业存在教育服务对与自然人流动的教育服务,有很大的支持作用。因此,不同提供方式教育服务之间有必要推进协同发展。

从教育服务同其他服务贸易相互协调的角度来看,人力资源服务、专业服务、研究与开发服务、文化服务等与教育服务之间具有密切的联系,教育服务与这些服务之间能够实现有效互动。从海湾地区国家的例子可见,阿联酋迪拜知识村和学术城的发展,正是源于该地区在发展国际人力资源服务业的发展过程中,意识到人力资源服务和教育服务的深刻内在关系,进而推进了自身"教育自由区"的建设。

从教育服务与其他贸易类型相互协调的角度来看,一国货物贸易和知识产权贸易的发展,对教育服务业可以形成有效的支撑互动机制。特别是在铁路、港口、水电站等大型基础设置建设,以及骑车、装备、化工等制造业的发展过程中,与这些项目建设和发展密切相关的人员培训和发展,能够有效支持相应教育服务的发展。例如,中国在参与非洲相关国家铁路建设的过程中,国内相关职业院校同步建立了与当地院校的合作机制,并建立了独立的教育机构,以此推进铁路相关人才的培养和教育。

从教育服务与整个自由贸易区建设布局相互协调的角度来看,教育服务和服务贸易是整个自由贸易协定的重要组成部分。教育服务可以被视为一种谈判筹码用于支撑优势行业的谈判,同时教育服务自身也可以被视为一种优势产业,以教育服务为突破口推进整个自由贸易协定的签署。例如,在澳大利亚与东南亚相关国家的自由贸易协定谈判中,教育服务就被视为澳大利亚的重点行业,其针对性地以教育服务推进整个协定的达成。

附表 1 依据分校举办国家/地区划分的国际分校输出统计*

分校举办 国家/地区	分 校 名 称	分校所在 国家/地区
澳大利亚	Charles Sturt University, Ontario	加拿大
	SHU-UTS(Shanghai University and University of Technology Sydney) SLIC Business School	中国内地
	University of Wollongong College, Hong Kong	中国香港
	Southeast University, Monash University Joint Graduate School(Suzhou)	中国内地
	Box Hill Institute(Kuwait)	科威特
	Swinburne University of Technology, Sarawak Campus	马来西亚
	Monash University, Malaysia	马来西亚

续表

分校举办 国家/地区	分 校 名 称	分校所在 国家/地区
澳大利亚	Curtin University(Miri)	马来西亚
	Curtain University，Mauritius	毛里求斯
	Murdoch University，Singapore4	新加坡
	Curtin University，Singapore	新加坡
	University of Newcastle International Singapore	新加坡
	James Cook University Singapore	新加坡
	The Independent Institute of Education，Monash South Africa	南非
	Curtain University，Dubai	阿联酋
	Murdoch University，Dubai	阿联酋
	University of Wollongong in Dubai	阿联酋
	Cranfield University Development Centre	英国
	RMIT University Vietnam(South Saigon)	越南
	RMIT University Vietnam(Hanoi)	越南
日本	Shanghai University Tokyo Campus	中国
	Tianjin University of Traditional Chinese Medicine in Japan	中国
	DUT-RU International School of Information Science & Engineering at DUT(Dalian University of Technology and Ritsumeikan University)	中国
	Beijing Language and Culture University in Japan	中国
	Hawaii Tokai International College	美国
	Toyota Technical Institute at Chicago	美国
马来西亚	Limkokwing University of Creative Technology，Botswana	博茨瓦纳
	Limkokwing University，Phnom Penh	柬埔寨
	Limkokwing University of Creative Technology (London)	英国
	Twintech International University College of Technology (Sana'a)	也门

续表

分校举办 国家/地区	分 校 名 称	分校所在 国家/地区
新加坡	Management Development Institute of Singapore，Malaysia	马来西亚
	Yale-NUS College	美国
	Management Development Institute of Singapore，Tashkent	乌兹别克斯坦
中国	Fudan University，Hungary	匈牙利
	Sino-Italian Campus	意大利
	Soochow University in Laos	老挝
	Xiamen University，Malaysia	马来西亚
	Shanghai Jiaotong University Graduate School of Singapore	新加坡
韩国	Ulsan Ship and Ocean College at Ludong University	中国
	George Mason University(Korea)	美国
	INHA University in Tashkent	乌兹别克斯坦
瑞士	EPFL Middle East（École Polytechnique Fédérale de Lausanne）	阿联酋
	Glion Institute of Higher Education(London)	英国
智利	Universidad Técnica Federico Santa María de Chile，Ecuador	厄瓜多尔
新西兰	International Pacific University-Japan	日本
菲律宾	AMA International University Bahrain	巴林
巴基斯坦	Shaheed Zulfikar Ali Bhutto Institute of Science and Technology，Dubai	阿联酋

注：* 为保证引用的完整性，本表不对高校名称进行中文翻译，附表 2 同。

附表 2　依据分校所在国家划分的国际分校输入统计

分校所在 国家	分校名称	分校举办 国家/地区
澳大利亚	S P Jain School of Global Management，Sydney	印度
	New York Film Academy，Gold Coast	美国
	Carnegie Mellon University，Australia	美国

续表

分校所在 国家	分校名称	分校举办 国家/地区
柬埔寨	Limkokwing University，Phnom Penh	马来西亚
中国	SHU-UTS SLIC Business School	澳大利亚
	University of Wollongong College，Hong Kong	澳大利亚
	Southeast University，Monash University Joint Graduate School(Suzhou)	澳大利亚
	ESMOD，Guangzhou	法国
	EMLOYN，Shanghai Campus	法国
	ESMOD，Beijing	法国
	SKEMA，China	法国
	Asia-Europe Business School(Shanghai)	法国
	Shanghai-Vancouver Film School	加拿大
	Ivey Business School Asia	加拿大
	Beijing-Dublin International College at BJUT	爱尔兰
	Guangzhou-Dublin International College of Life Sciences and Technology(GDIC) at South China Agricultural University	爱尔兰
	Chang'an-Dublin International College of Transportation (CDIC) at Chang'an University	爱尔兰
	Shanghai University Tokyo Campus	日本
	Tianjin University of Traditional Chinese Medicine in Japan	日本
	DUT-RU International School of Information Science & Engineering at DUT	日本
	Beijing Language and Culture University in Japan	日本
	MSU-BIT University，Shenzhen	俄罗斯
	Ulsan Ship and Ocean College at Ludong University	韩国
	BAU Global，Xi'an International University	土耳其
	Bangor College of Central South University of Forestry and Technology	英国
	Southwest Jiaotong University Leeds Joint School	英国
	University of Nottingham，Ningbo China	英国

续表

分校所在国家	分校名称	分校举办国家/地区
中国	Shanghai International College of Fashion and Innovation, Donghua University	英国
	China Medical University-The Queen's University of Belfast Joint College	英国
	HBU-UCLan School of Media, Communication and Creative Industries	英国
	Manchester Business School, East Asia International Centre	英国
	Xi'an Jiaotong Liverpool University	英国
	Surrey International Institute Dongbei University of Finance and Economics	英国
	Tianjin Conservatory of Music Julliard Graduate School	美国
	Tsinghua-UC Berkeley Shenzhen Institute	美国
	New York University, Shanghai	美国
	Johns Hopkins SAIS Hopkins-Nanjing Center for Chinese and American Studies	美国
	Sias International University(Henan)	美国
	Duke Kunshan University	美国
	Georgia Tech Tianjin University Shenzhen Institute	美国
	Sichuan University, Pittsburgh Institute	美国
	Wenzhou-Kean University	美国
	University of Michigan, Shanghai Jiao Tong University Joint Institute	美国
	New York Institute of Technology, Beijing	美国
	University of Chicago Booth School of Business, London	美国
	New York Institute of Technology, Nanjing	美国
	Fort Hays State University(Liaoning)	美国
	Liaoning Normal University and Missouri State University College of International Business	美国
	University of Upper Iowa, Hong Kong	美国
	Ming Chuan University, Michigan campus Taiwan	美国

续表

分校所在 国家	分校名称	分校举办 国家/地区
哥斯达黎加	Texas Tech University, Costa Rica	美国
格鲁吉亚	BAU International University, Batumi	土耳其
	San Diego State University in Georgia	美国
印度尼西亚	ESMOD, Jakarta	法国
	Universitas Triatma Mulya Stenden	荷兰
日本	McGill MBA Japan	加拿大
	ESMOD, Japon	法国
	International Pacific University-Japan	新西兰
	Lakeland University, Japan Campus	美国
	Temple University, Japan	美国
老挝	Soochow University in Laos	中国
马来西亚	Swinburne University of Technology, Sarawak Campus	澳大利亚
	Monash University, Malaysia	澳大利亚
	Curtin University(Miri)	澳大利亚
	Xiamen University, Malaysia	中国
	ESMOD, Kuala Lampar	法国
	RCSI Malaysia, Perdana University	爱尔兰
	RCSI Malaysia, Penang Medical College	爱尔兰
	RCSI & UCD Malaysia Campus(RUMC)	爱尔兰
	Management Development Institute of Singapore, Malaysia	新加坡
	University of Hull, Malaysia	英国
	University of Reading, Malaysia	英国
	University of Southampton, Malaysia campus	英国
	Newcastle University, Medicine Malaysia	英国
	Heriot-Watt University, Malaysia	英国
	University of Nottingham, Malaysia Campus	英国

续表

分校所在 国家	分校名称	分校举办 国家/地区
毛里求斯	Curtain, Mauritius	澳大利亚
	ENSA Nantes Mauritius	法国
	Amity Institute of Higher Education Mauritius	印度
	Middlesex University, Mauritius	英国
	University of Central Lancashire, Mauritius	英国
	University of Strathclyde(Mauritius)	英国
巴基斯坦	Noor International University(Lahore)	孟加拉国
	Lancaster University(Lahore)	英国
新加坡	Murdoch University, Singapore	澳大利亚
	Curtin, Singapore	澳大利亚
	University of Newcastle International Singapore	澳大利亚
	JCU Singapore	澳大利亚
	Shanghai Jiaotong University Graduate School of Singapore	中国
	INSEAD, Asia	法国
	EDHEC Business School, Singapore	法国
	ESSEC, Asia Pacific	法国
	Technical University of Munich, Asia	德国
	Amity University Singapore	印度
	SP Jain School of Global Management, Singapore	印度
	Manchester Business School, Singapore	英国
	University of Glasgow(Singapore)	英国
	Culinary Institute of America, Singapore	美国
	University at Buffalo(SUNY) Singapore	美国
	DigiPen Institute of Technology, Singapore	美国

续表

分校所在 国家	分校名称	分校举办 国家/地区
韩国	Ghent University Global Campus	比利时
	ESMOD，Seoul	法国
	George Mason University(Korea)	美国
	FAU Busan Campus-German University in Korea	德国
	SUNY Korea，Stony Brook	美国
	SUNY Korea，Fashion Institute of Technology	美国
	University of Utah，Asia Campus	美国
瑞士	Business & Hotel Management School	美国
	Webster University，Geneva	美国
泰国	Stenden University，Thailand	荷兰
	Webster University，Thailand	美国
越南	RMIT Vietnam(South Saigon)	澳大利亚
	RMIT Vietnam(Hanoi)	澳大利亚
	BAU Global，Hanoi，Foregin Trade University	土耳其

第6章
自由贸易协定下的境外消费教育服务

境外消费是服务贸易的一种服务提供方式。在推进服务贸易纳入国际服务贸易体系的谈判中,与其他服务方式相比,境外消费遭遇的阻力最小,各国的认同度比较高。落实到教育服务贸易领域,境外消费最主要的形式就是留学,特别是高等教育阶段的留学。事实上,在为数不少的国家,留学教育是其国际教育服务贸易的核心构成。

在与中国签订自由贸易协定的国家中,有澳大利亚、新西兰、新加坡等全球性的主要留学生接收国,有日本等区域性留学教育强国,也有中国这样的世界主要留学生输出国。分析这些国家的留学教育发展情况,对于制定和发展相关留学政策具有重要的参考意义。

国际教育研究所(Institute of International Education,IIE)①于 1919 年成立,是国际教育研究领域的知名机构。IIE 主持了 Open Doors 和 Project Atlas 等多个专门从事国际留学教育研究的项目。这些项目每年会发布留学教育方面的数据,是该研究领域的重要参考依据。虽然 IIE 数据库中只有菲律宾、日本、新西兰、智利、澳大利亚和以色列这几个国家的相对完整的数据,但是为便于相关标准的统一,本章仍以 IIE 相关数据为主要依据。

根据 IIE 的界定,国际学生是指在本国以外的国家接受全部或部分高等教育经历的学生。这一界定在各个国家有略微调整,需要查阅各国的具体标准。IIE 统计了合作国家排名前十的留学生来源地、留学院校分布、专业分布等信息。

---

① 资料来源:IEE,Project Atlas,Global data,https://www.iie.org/research-initiatives/project-atlas/explore-global-data/。

通过对历年招收留学生数量的分析,可以研究该国吸纳留学生能力的变化。例如,受到新冠疫情的影响,很多国家留学生数量在 2019 年、2020 年都有较为明显的下降。如菲律宾 2020 年的留学生数量比 2019 年下降近 40%,尚不及 2016 年的规模。2021 年菲律宾的留学生数量有了快速回升,2022 年继续保持快速增长趋势,数量相较 2019 年增幅超过 80%。日本留学生规模在 2020 年达到近年的最高值之后,已经连续两年下降。新西兰留学生规模在 2017 年达到近十年来的最高值,之后便开始呈现下降趋势。2020 年同比下降 13.5%,2021 年同比下降 9.2%。但这种趋势在 2022 年并未止步,相较上年降幅达 38%,留学生数量已经不及 2019 年的半数。可见,其留学生数量的下降一定还有其他因素的影响。但不是所有国家的留学生规模在新冠疫情期间都显著下降。智利接收留学生的规模在 2019 年前未超过 4 000 人,2020 年则快速破万人大关,2021 年和 2022 年仍保持了较高增幅,2022 年接收留学生的规模已经是 2019 年的 4.6 倍。

通过对留学生来源地的分析,可以研究该国留学教育的主要市场。对该部分的分析均以 2022 年数据为依据。趋势一,是以临近或周边国家为吸纳留学生的主要对象。如近五年来日本留学生来源地排名前十的都位于亚洲。菲律宾多数留学生来自周边国家,其次是非洲和北美洲,但占比极小。趋势二,是若干来源地占据了绝大多数市场。如新西兰接收的留学生中,来自中国和印度的已经占到近六成。委内瑞拉、秘鲁和哥伦比亚三国占到智利留学生的 60% 以上。趋势三,是"一家独大"的情况。例如,中国内地和中国香港的留学生,占澳大利亚全部留学生的 44.5%,超过留学生来源地排名前十的其他地区的总和。2022 年菲律宾招收的留学生中有 72% 来自印度。

通过对留学专业分布的分析,可以研究该国留学教育的优势。对该部分的分析同样均以 2022 年数据为依据。综合来看,不同学科吸引留学生的能力是不同的,这与学科自身的因素有关,如一些学科本身的规模相对较小,很难扩大该专业留学的规模;一些专业发展水平较高,在全球位居前列,其吸纳全球留学生的能力就相对较高。此外,这也与该国留学教育服务的发展方式有关,一些国家会特意强化某些专业的发展,以此吸引留学生,最典型的就是商业与管理专业。产业方面的因素也是不能忽略的,一国的产业结构,在很大程度上会决定该国高等教育机构的专业结构,进而影响留学专业的结构。从所掌握的数据来看,菲律宾接收的留学生中,有 73.1% 就读于卫生专业,可见菲律宾在这个专业领域具有很强的比较优势。从以色列近两年的数据可见,其招收的留学生中有 34% 左右选择人文学科,这种情况在其他国家比较少见。在澳大利亚和智利的留学生专业分布中,商业与管理专业的占比相似,基本在 30% 以上;日本该专业的占比略低,为 27%。此外,授课语言的选择也对留学产生了重要影响,澳大利亚和新西兰发达的留学服务,与其英语授课有密切关系。菲律宾的官方语言虽然不是英语,但其高等教育体系受美国影响较大,英文授课较为普遍,所以在招收留学生方面占据一定优势。

通过对留学生接收院校的性质分析,可以研究该国留学教育发展的主要驱动力。留学生接收院校可以简单划分为公立院校和私立院校两种,两种院校发展留学教育的模式存在一定区别。一是在发展留学教育的机制上,两者具有一定区别。通常来说,公立院校肩负更多的公共职责,其办学活动,包括发展留学教育,必须顾及更多的公共利益。私立院校相对而言具有更强的灵活性和自主性,特色也更加明显。二是发展留学教育的目的方面,公立院校和私立院校发展留学教育,有拓展院校或国家的国际影响、提升院校或国家的国际化程度、履行国际交往职责等目标。公立院校和私立院校发展留学教育均可为了获取学费,但只有私立院校中的营利性院校才可获取学费收益。从这个角度来说,本章所列的留学教育数据,不是全部可以划分到教育服务贸易统计中的。这与本书第 1 章所强调的明确国际教育的概念相呼应。三是不同院校在面对国外投资时,适用不同的规章。从目前掌握的数据来看,菲律宾、日本和智利等国,都是私立院校接收了大多数留学生,而新西兰和澳大利亚,则是公立院校接收了大多数留学生。接下来,我们将对代表性国家基于不同贸易协定的境外消费教育服务发展情况进行分析。

6.1 菲律宾的境外消费教育服务①

菲律宾发展留学教育的最大优势之一是语言和学制。受历史的影响,一方面

---

① https://www.iie.org/research-initiatives/project-atlas/explore-data/republic-of-the-philippines/.

英语在菲律宾有较高的普及率,英语为菲律宾的官方语言,菲律宾是世界上使用英语人口最多的国家之一;另一方面,菲律宾高等教育与欧美教育体系之间,特别是美国教育体系之间,有较好的衔接性。这两种优势使得在菲律宾就读可以较为有利地衔接在欧美的继续教育。与此同时,菲律宾绝大多数高校都是私立院校,这使得其在留学教育方面具有较强的灵活性和多样性。根据 IIE 的统计,近年来,菲律宾接收留学生的规模虽然在 2020 年有较为显著的下降,但总体呈现增长趋势。2022 年招收的留学生达 22 247 名(表 6.1)。其中,印度学生为 16 013 名,占到全国留学生的 72.0%;中国学生为 4 462 名,占 20.1%;尼日利亚学生为 1 932 名,占8.7%。其他国家的学生情况包括韩国学生为 144 名,泰国学生为 137 名,美国学生为 121 名,印度尼西亚学生为 119 名,尼泊尔学生为 118 名,等等,这些国家占比均未超过 0.7%(表 6.2)。从生源国的角度来看,一方面菲律宾的留学生绝大多数来自印度和中国,生源侧重非常显著;另一方面,菲律宾的留学生多数来自周边的亚洲国家,其次是非洲和北美洲。

2022 年,菲律宾 79.4% 的留学生在本科阶段就读,20.3% 的留学生在研究生及以上阶段就读。从专业选择情况来看,卫生专业占据绝对优势,选择该专业的学生占全部留学生的 73.1%。其次是教育类专业,占比为 11.4%。商业与管理类专业居后,占比为 7.6%。其他专业占比均未超过 0.8%(表 6.3)。由此可见,菲律宾的优势专业是卫生专业,且优势非常明显。教育类、商业与管理类也具备一定的优

表 6.1 菲律宾历年招收留学生数

年 份	接收留学生数量(名)
2022	22 247
2021	14 566
2020	7 522
2019	12 174
2018	12 278
2017	14 132
2016	8 208

资料来源:作者根据相关数据整理而成,参见 https://www.iie.org/research-initiatives/project-atlas/explore-data/republic-of-the-philippines/。

表 6.2　2022 年菲律宾招收国际学生生源地情况

国家或地区	留学生数量（名）	占比（%）
印度	16 013	72.0
中国	4 462	20.1
尼日利亚	1 932	8.7
韩国	144	0.6
泰国	137	0.6
美国	121	0.5
印度尼西亚	119	0.5
尼泊尔	118	0.5
越南	48	0.2
加纳	44	0.2

资料来源：作者根据相关数据整理而成，参见 https://www.iie.org/research-initiatives/project-atlas/explore-data/republic-of-the-philippines/。

表 6.3　2022 年赴菲律宾留学专业选择

专业名称	留学生数量（名）	占比（%）
卫生专业	16 266	73.1
教育	2 534	11.4
商业与管理	1 699	7.6
其他	1 370	6.2
工程	174	0.8
社会科学	69	0.3
数学与计算机科学	55	0.3
美术与应用艺术	46	0.2
人文	27	0.1
农业	14	0.1
生物与生命科学	0	0.0

资料来源：作者根据相关数据整理而成，参见 https://www.iie.org/research-initiatives/project-atlas/explore-data/republic-of-the-philippines/。

表 6.4　菲律宾公立高校与私立高校历年招收留学生数

年份	公立高校留学生数量(名)	私立高校留学生数量(名)
2022	20	22 227
2021	188	14 378
2020	182	7 340

资料来源：作者根据相关数据整理而成，参见 https://www.iie.org/research-initiatives/project-atlas/explore-data/japan-2/。

势。菲律宾留学的另一个显著特点，是私立高等教育机构接收了绝大多数留学生。从能够掌握的三年数据来看，私立高等教育机构接收了绝大多数留学生，公立机构的留学生数量较少(表 6.4)。

6.2　日本的境外消费教育服务

日本是亚洲高等教育质量最高的国家之一，也是全球留学教育强国之一。不论是在历史上还是在当前，日本的留学教育都具有世界性影响力。高质量的教育水平和独特的文化背景，成为日本留学教育的重要竞争优势。日本近年来加大了发展留学教育的力度，出台了一些支持性政策。但是受多种因素的影响，日本留学生的规模整体上略有下降。根据 IIE 的统计，日本接收留学生在 2013—2020 年保持了较为稳定的增长态势，2020 年之后有一定程度的下降，2021 年和 2022 年连续两年下降，2022 年的数量尚不及 2019 年(表 6.5)。

从留学生生源的角度来看，中国内地、越南、尼泊尔、韩国、斯里兰卡、印度尼西亚、泰国、马来西亚、孟加拉国是日本主要的留学生来源地。以 2022 年数据为例，中国内地留学生占比为 46.6%，越南为 19.1%，尼泊尔为 8.2%，韩国为 6.8%。其他国家或地区占比均在 3% 以下(表 6.6)。近五年来，日本留学生生源地前十位的均为亚洲国家或地区，且这些亚洲国家或地区占到日本留学生的 90% 以上。具体来看，日本的留学生生源地可以分为三个梯队。第一梯队是中国内地和越南。中国内地留学生通常占到 41% 以上，越南留学生通常在 20% 左右，两者共占到日本

表 6.5 日本历年招收留学生数

年　份	接收留学生数量（名）
2022	201 877
2021	218 783
2020	228 403
2019	208 901
2018	188 384
2017	171 122
2016	152 062

资料来源：作者根据相关数据整理而成，参见 https://www.iie.org/research-initiatives/project-atlas/explore-data/japan-2/。

表 6.6 2022 年日本招收国际学生生源地情况

国家或地区	留学生数量（名）	占比（%）
中国内地	94 063	46.6
越南	38 592	19.1
尼泊尔	16 500	8.2
韩国	13 652	6.8
印度尼西亚	5 065	2.5
斯里兰卡	3 228	1.6
缅甸	2 911	1.4
孟加拉国	2 579	1.3
泰国	2 361	1.2

资料来源：作者根据相关数据整理而成，参见 https://www.iie.org/research-initiatives/project-atlas/explore-data/japan-2/。

留学生的比例超过 60%。尼泊尔与韩国位于第二梯队，其占比都在 8% 左右。斯里兰卡、印度尼西亚、缅甸等位于第三梯队，其占比均未超过 4%。总的来看，日本留学生的生源集中在亚洲。

　　从专业分布的情况来看，以 2022 年为例，日本高校各专业接收留学生的情况相对较为平均。商业与管理、工程、人文学科、社会科学、美术和应用艺术等专业是排名较为靠前的专业（表 6.7）。其中，占比最高的是商业与管理专业，约为 27.1%，

表 6.7 2022 年赴日本留学专业选择

专业名称	留学生数量(名)	占比(%)
商业与管理专业	54 777	27.1
工程专业	33 789	16.7
人文学科	32 387	16.0
社会科学专业	21 524	10.7
其他专业	21 381	10.6
美术和应用艺术专业	13 361	6.6
卫生专业	5 990	3.0
数学与计算机专业	5 823	2.9
生物和生命科学专业	5 810	2.9
农业专业	4 094	2.0
教育专业	2 941	1.5

资料来源:作者根据相关数据整理而成,参见 https://www.iie.org/research-initiatives/project-atlas/explore-data/japan-2/。

工程专业和人文学科占比均在 16% 以上,社会科学专业、美术和应用艺术专业占比分别为 10.7% 和 6.6%。卫生专业、数学与计算机专业、生物和生命科学专业,以及农业专业的占比均处在 2%—3% 的水平上。由此可见,日本各专业在吸引留学生方面的实力相对要平均一些,这可以在一定程度上说明日本高等教育各专业的发展水平均较高。

表 6.8 日本公立与私立高校历年招收留学生数

年份	公立高校招收留学生数量(名)	私立高校招收留学生数量(名)
2022	45 541	156 336
2021	47 905	170 878
2020	50 969	177 434
2019	48 672	160 229
2018	45 233	143 151

资料来源:作者根据相关数据整理而成,参见 https://www.iie.org/research-initiatives/project-atlas/explore-data/japan-2/。

日本与菲律宾的情况有些类似,私立高校招收的留学生数量要明显多于公立高校。从近五年的情况来看,日本私立高校招收留学生的规模比公立高校大很多,2022年约为公立高校的3.4倍(表6.8)。

6.3 新西兰的境外消费教育服务

留学教育是新西兰国际服务贸易的重要组成部分,是国家重点支持发展行业。语言优势以及和欧美几乎相同的学制,使得新西兰留学生规模曾有快速发展。但是近年来受多种因素的影响,新西兰接收留学生的数量有较大的起伏。根据IIE的统计,2017年以后新西兰的留学生数量持续下降,2022年下降幅度很大,其规模尚不及2017年的一半(表6.9)。

从留学生生源的角度来看,中国内地、印度多年稳居主要留学生来源前两位。此外,美国、越南、韩国、马来西亚、尼泊尔、日本等也是主要留学生来源地。除美国之外,其余全部为亚洲国家或地区。以2022年数据为例,中国内地和印度的

表 6.9 新西兰历年招收留学生数

年　份	接收留学生数量(名)
2022	29 790
2021	48 115
2020	52 995
2019	61 240
2018	61 405
2017	62 570
2016	50 525

资料来源:作者根据相关数据整理而成,参见 https://www.iie.org/research-initiatives/project-atlas/explore-data/new-zealand-2/。

表 6.10 2022 年新西兰招收国际学生生源地情况

国家或地区	留学生数量（名）	占比（%）
中国内地	11 880	39.9
印度	5 905	19.8
越南	1 040	3.5
韩国	820	2.8
马来西亚	805	2.7
斯里兰卡	655	2.2
美国	615	2.1
印度尼西亚	605	2.0
菲律宾	570	1.9
尼泊尔	525	1.8

资料来源：作者根据相关数据整理而成，参见 https://www.iie.org/research-initiatives/project-atlas/explore-data/new-zealand-2/。

留学生占比分别为 39.9% 和 19.8%，两者合计占比接近六成。越南占比达 3.5%，韩国、马来西亚、斯里兰卡、美国、印度尼西亚、菲律宾和尼泊尔的占比集中在 1.8%—2.8% 这一区间内（表 6.10）。

从专业分布的情况来看，以 2022 年为例，在新西兰接收留学生的专业选择方面，商业与管理、数学与计算机两个专业占比是较高的，分别是 18.1% 和 10.9%，两者合计占到全部专业的近三成（表 6.11）。社会科学专业、人文学科和工程专业的占比集中在 6%—8% 这一区间内。教育专业、生物和生命科学专业、美术和应用艺术专业、卫生专业和农业专业的占比集中在 1%—4% 这一区间内。可见，新西兰各专业在吸引留学生方面的实力相对要平均一些。

新西兰公立高校和私立高校招收留学生的规模具有显著差异，在新四兰，公立高校接收了绝大多数的留学生，从历年情况来看，新西兰公立高校招收留学生的规模平均是私立高校的 2 倍以上（表 6.12）。这与日本、菲律宾等私立高校占主导的国家有较大不同。

表 6.11 2022 年赴新西兰留学专业选择

专业名称	留学生数量(名)	占比(%)
商业与管理专业	5 380	18.1
数学与计算机专业	3 245	10.9
社会科学专业	2 310	7.8
人文学科	2 055	6.9
工程专业	1 800	6.0
其他专业	1 580	5.3
教育专业	1 110	3.7
生物和生命科学专业	1 035	3.5
美术和应用艺术专业	905	3.0
卫生专业	525	1.8
农业专业	300	1.0

资料来源:作者根据相关数据整理而成,参见 https://www.iie.org/research-initiatives/project-atlas/explore-data/new-zealand-2/。

表 6.12 新西兰公立与私立高校历年招收留学生数

年份	公立高校招收留学生数量(名)	私立高校招收留学生数量(名)
2022	24 630	5 160
2021	43 227	7 999
2020	—	—
2019	48 711	12 529
2018	47 715	14 000
2017	45 795	16 775

资料来源:作者根据相关数据整理而成,参见 https://www.iie.org/research-initiatives/project-atlas/explore-data/new-zealand-2/。

6.4　智利的境外消费教育服务

智利的留学教育在区域内具有一定影响。近年来,智利接收留学生的数量有较明显增长。根据 IIE 的统计,2016 年智利留学生规模只有 3 000 多人,而到 2022 年已经接近 20 000 人。其中,2020 年的增速最快,比 2019 年增长了167.8%(表 6.13)。

表 6.13　智利历年招收留学生数

年　份	接收留学生数量(名)
2022	18 993
2021	13 388
2020	10 917
2019	4 077
2018	3 198
2017	3 243
2016	3 108

资料来源:作者根据相关数据整理而成,参见 https://www.iie.org/research-initiatives/project-atlas/explore-data/chile-2/。

从留学生生源的角度来看,阿根廷、巴西、玻利维亚、厄瓜多尔、哥伦比亚、古巴、海地、秘鲁、墨西哥、委内瑞拉是智利的主要留学生来源国。可以看出这些国家全都是中美洲国家。以 2022 年的数据为例,委内瑞拉、秘鲁和哥伦比亚是三个主要的留学生来源国,其占比分别为 22.8%、21.1%和 18.3%,三者合计占比超过六成(表 6.14)。其次是厄瓜多尔和玻利维亚,两者占比在 7%—10%这一区间内。阿根廷、海地、古巴、巴西和墨西哥的占比在 1.5%—3.3%这一区间内。

从专业分布的情况来看,以 2022 年为例,在智利接收留学生的专业选择方面,商业与管理、卫生专业和工程专业三个专业占比是较高的,分别是 32.3%、18.8%和14.9%,三者合计已占到全部留学专业的 66%。社会科学专业、数学与计算机专业

表 6.14　2022 年智利招收国际学生生源地情况

国家或地区	留学生数量(名)	占比(%)
委内瑞拉	4 328	22.8
秘鲁	4 008	21.1
哥伦比亚	3 481	18.3
厄瓜多尔	1 758	9.3
玻利维亚	1 322	7.0
阿根廷	621	3.3
海地	609	3.2
古巴	442	2.3
巴西	439	2.3
墨西哥	291	1.5

资料来源:作者根据相关数据整理而成,参见 https://www.iie.org/research-initiatives/project-atlas/explore-data/chile-2/。

和教育专业位居其次,占比分别为 8.1%、6.6% 和 5.2%。生物和生命科学专业、美术和应用艺术专业、人文学科和农业专业的占比集中在 1.3%—3.9% 这一区间内(表 6.15)。

表 6.15　2022 年赴智利留学专业选择

专业名称	留学生数量(名)	占比(%)
商业与管理专业	6 143	32.3
卫生专业	3 573	18.8
工程专业	2 824	14.9
社会科学专业	1 535	8.1
数学与计算机专业	1 251	6.6
教育专业	994	5.2
生物和生命科学专业	734	3.9
其他专业	719	3.8
美术和应用艺术专业	618	3.3
人文学科	359	1.9
农业专业	243	1.3

资料来源:作者根据相关数据整理而成,参见 https://www.iie.org/research-initiatives/project-atlas/explore-data/chile-2/。

智利公立高校和私立高校招收留学生的规模具有显著差异。在智利,私立高校接收了绝大多数的留学生,从历年情况来看,智利私立高校招收留学生的规模平均约是公立高校的 2 倍以上,且这种趋势越来越明显,2022 年智利私立高校接收留学生数已经达到公立高校的 5.7 倍(表 6.16)。这么大的规模差距还是相对少见的。

表 6.16　智利公立与私立高校历年招收留学生数

年份	公立高校招收留学生数量(名)	私立高校招收留学生数量(名)
2022	2 838	16 155
2021	2 427	10 961
2020	2 527	8 390
2019	1 038	3 039
2018	899	2 299

资料来源:作者根据相关数据整理而成,参见 https://www.iie.org/research-initiatives/project-atlas/explore-data/chile-2/。

6.5　澳大利亚的境外消费教育服务

澳大利亚是一个留学教育大国,其将留学生教育确定为本国的支柱行业,并在留学教育管理方面推出很多创新措施,这些举措被很多国家学习和采纳,对世界留学教育的发展产生了重要影响。近年来,澳大利亚接收留学生的规模保持增长趋势,2020 年达到近年的最大规模,约 46.4 万人。但在此之后开始下降,2022 年澳大利亚合计招收留学生约 36.3 万人,接近 2018 年的水平(表 6.17)。

从留学生生源的角度来看,中国内地、印度、尼泊尔、巴基斯坦、斯里兰卡、印度尼西亚、越南、中国香港、马来西亚和美国等是澳大利亚主要的留学生来源地,可见,上述国家或地区除了美国之外,全部位于亚洲。可以说,亚洲是澳大利亚留学教育的核心市场。

表 6.17　澳大利亚历年招收留学生数

年　份	接收留学生数量（名）
2022	363 859
2021	429 382
2020	463 643
2019	420 501
2018	371 885
2017	327 606
2016	292 352

资料来源：作者根据相关数据整理而成，参见 https://www.iie.org/research-initiatives/project-atlas/explore-data/australia-2/。

以 2022 年数据为例，中国是澳大利亚最主要的留学生来源地，中国内地和中国香港占到澳大利亚全部留学生的 44.5%（表 6.18），超过留学生来源地排名前十的其他国家或地区的总和。印度与尼泊尔的留学生也具有一定规模，占比分别为

表 6.18　2022 年澳大利亚招收国际学生生源地情况

国家或地区	留学生数量（名）	占比（%）
中国内地	152 715	42.0
印度	56 564	15.5
尼泊尔	27 987	7.7
越南	13 615	3.7
印度尼西亚	9 732	2.7
中国香港	9 260	2.5
马来西亚	9 072	2.5
斯里兰卡	8 386	2.3
巴基斯坦	7 901	2.2
新加坡	5 761	1.6

资料来源：作者根据相关数据整理而成，参见 https://www.iie.org/research-initiatives/project-atlas/explore-data/australia-2/。

15.5%和 7.7%。越南、印度尼西亚、马来西亚、斯里兰卡、巴基斯坦和新加坡的占比集中在 1.6%—4%这一区间内。特别需要一提的是美国,2013—2021 年,美国一直位于澳大利亚十大主要留学生来源地之列,2020 年达到最大规模为 9 641 名。但在 2021 年,美国留学生的规模快速下降,为 6 779 名,是自 2013 年以来的最小规模。2022 年美国已经不在澳大利亚十大留学生来源地。

从专业分布的情况来看,以 2022 年为例,在澳大利亚接收留学生的专业选择方面,商业与管理、数学与计算机专业和社会科学专业三个专业占比是较高的,分别是 34.8%、15.7%和 9.6%,三者合计已占到全部留学专业的 60.1%(表 6.19)。工程专业、卫生专业和其他专业位居其次,占比分别为 9.5%、9.5%和 6.6%。生物和生命科学专业、美术和应用艺术专业、教育专业农业专业的占比集中在 0.9%—6.2%这一区间内。

澳大利亚公立高校和私立高校招收留学生的规模具有显著差异。在澳大利亚,公立高校接收了绝大多数的留学生,从历年情况来看,公立高校招收留学生的规模平均约是私立高校的 4.8 倍。从求学阶段的分布来看,澳大利亚本科阶段的

表 6.19 2022 年赴澳大利亚留学专业选择

专业名称	留学生数量(名)	占比(%)
商业与管理专业	126 712	34.8
数学与计算机专业	57 069	15.7
社会科学专业	34 791	9.6
工程专业	34 748	9.5
卫生专业	34 565	9.5
其他专业	23 974	6.6
生物和生命科学专业	22 422	6.2
美术和应用艺术专业	16 902	4.6
教育专业	9 440	2.6
农业专业	3 236	0.9

注:澳大利亚专业统计中无人文学科专业。其他专业包括:双重资格课程,建筑学和建造,食品、酒店和个人服务,以及混合领域课程。

资料来源:作者根据相关数据整理而成,参见 https://www.iie.org/research-initiatives/project-atlas/explore-data/australia-2/。

学生数与本科以上学生数基本持平,这表明澳大利亚在这两个阶段的留学教育发展水平较为平均。[①]

2020 年以前(含 2022 年),澳大利亚"本科无学位、交换生"的数量规模一直在 2 万人左右(表 6.20),2021 年的数量有了较大下降。事实上,"本科无学位、交换生数"中美国学生占到很大比例。以 2022 年数据为例,美国赴澳大利亚的留学生中"本科无学位、交换学生"为 6 640 人,占美国全部赴澳留学生总数的 68.9%,其数量是本科阶段学生的 7 倍,占所有国家"本科无学位、交换学生"的 31%。其余年份的情况也基本符合这一趋势。这一趋势的出现,可能与美、澳高校之间具有广泛的教育合作有关。

表 6.20 澳大利亚公立与私立高校历年招收留学生数

年份	留学生总数(名)	机构类型		求学阶段分布		
		公立高等教育机构留学生(名)	私立高等教育机构留学生(名)	本科阶段留学生(名)	本科无学位、交换学生数(名)	本科以上阶段学生数(名)
2022	363 859	300 287	63 572	183 729	—	180 130
2021	429 382	352 549	76 833	201 243	11 214	216 925
2020	463 643	385 104	78 539	210 640	21 424	231 579
2019	420 501	351 000	69 501	194 858	21 423	204 220
2018	371 885	308 560	63 325	178 560	21 413	171 912
2017	327 606	271 783	55 823	162 438	20 915	144 253

资料来源:作者根据相关数据整理而成,参见 https://www.iie.org/research-initiatives/project-atlas/explore-data/australia-2/。

6.6 以色列的境外消费教育服务

以色列的留学教育具有一定特色。一方面,其国土面积和人口规模较为有

---

① 澳大利亚不统计"本科以上阶段无学位、交换学生数",自 2022 年开始不再统计"本科无学位、交换学生数"。

限,所以留学教育的整体规模并不大;另一方面,以色列留学教育的优势专业集中在人文学科和社会科学方面,这一点在全球其他国家比较少见。IEE 只包含以色列近两年的统计数据。以色列 2022—2011 年招收的留学生分别为 8 389名和 9 852 名(表 6.21)。从留学生生源的角度来看,美国是以色列最主要的留学生来源国,2022 年和 2021 年美国留学生的占比分别为 26.6% 和 23.1%。中国留学生的数量居次,2022 年和 2021 年的占比分别为 8.2% 和 6.9%。其余国家的占比多在 6% 以下。从机构分布情况来看,公立高等教育机构承担了绝大多数留学生,相比之下私立高等教育机构接收的学生数量较少。从求学阶段的分布来看,一方面,以色列本科以上留学生的数量要多于本科学生数量;另一方面,"本科无学位、交换生"的数量较大,与本科以上学生数量不相上下,且明显大于本科学生数量。

表 6.21　2021 年和 2022 年以色列高等教育机构留学生情况表

年份	高等教育机构留学生				求学阶段分布			
	公立机构留学生数量(名)	私立机构留学生数量(名)	国家分布	学生数量(名)	本科学生数(名)	本科无学位、交换生数(名)	本科以上学生数(名)	本科以上无学位、交换生数(名)
2022	7 354	1 035	合计	8 389	1 811	3 036	3 267	68
			美国	2 229	477	987	759	6
			中国	686	102	273	305	6
			印度	512	27	64	411	10
			法国	419	222	132	65	—
			加拿大	232	36	97	99	—
			德国	228	27	118	83	—
			意大利	208	46	64	98	—
			俄罗斯	201	60	68	73	—
			韩国	154	17	70	67	—
			英国	133	28	66	39	—

续表

年份	高等教育机构留学生				求学阶段分布			
	公立机构留学生数量(名)	私立机构留学生数量(名)	国家分布	学生数量(名)	本科学生数(名)	本科无学位、交换生数(名)	本科以上学生数(名)	本科以上无学位、交换生数(名)
2021	8 716	1 136	合计	9 852	1 740	4 139	3 036	21
			美国	2 278	404	1 189	685	—
			中国	679	147	274	258	—
			法国	460	246	159	55	—
			德国	427	40	296	91	—
			印度	392	30	72	290	—
			加拿大	238	31	110	97	—
			意大利	219	50	90	79	—
			俄罗斯	211	67	80	64	—
			韩国	183	19	114	50	—
			缅甸	170	0	73	97	—

资料来源:作者根据相关数据整理而成,参见 https://www.iie.org/research-initiatives/project-atlas/explore-data/israel-2/。

就留学专业分布而言,以 2022 年为例,人文学科是以色列的优势学科,其招收留学生的占比为 34.0%。社会科学专业、生物和生命科学专业居次,占比分别为 13.3%和 12.8%。其他专业占比均在 10%以下。2021 年与 2022 年的情况基本相同,但有两点较大差异。一是农业专业的留学生不论是数量还是占比均有明显变化,2021 年农业专业留学生数量为 895 名,占比为 9.1%;2022 年仅有 96 名,占比为 1.1%。二是生物和生命科学专业,2021 年接收留学生 385 名,占比为 3.9%;2022 年人数快速增加到 1 072 人,占比达到 12.8%(表 6.22)。

表 6.22 2021 年和 2022 年赴以色列留学专业选择

专业名称	2022 年		2021 年	
	留学生数量（名）	占比（%）	留学生数量（名）	占比（%）
人文学科	2 856	34.0	3 380	34.3
社会科学专业	1 119	13.3	971	9.9
生物和生命科学专业	1 072	12.8	385	3.9
卫生专业	716	8.5	650	6.6
工程专业	638	7.6	716	7.3
其他专业	568	6.8	1 468	14.9
商业与管理专业	536	6.4	572	5.8
数学与计算机专业	360	4.3	273	2.8
教育专业	260	3.1	300	3.0
美术和应用艺术专业	168	2.0	242	2.5
农业专业	96	1.1	895	9.1

资料来源：作者根据相关数据整理而成，参见 https://www.iie.org/research-initiatives/project-atlas/explore-data/israel-2/。

总的来说，对留学教育服务的分析，仅从规模角度是远远不够的，需要从多个维度进行深入探讨。例如，同一时期各国留学生规模的变化，可以体现不同国家留学服务的吸引力。对于留学生规模同等或接近的不同国家，通过对其学生来源地的分析，可以在一定程度上说明该国留学服务在区域及全球的影响力，以及佐证分析其采取不同留学教育政策的原因。各国留学生在留学专业上的分布，能够表明该国哪些专业是具有相对优势的，哪些是相对缺乏竞争力的，也可以支撑留学教育质量的分析。通过对留学生接受院校的分析，可以直观表明该国对留学教育服务的政策倾向。

通过前文分析，我们从各个角度了解到相关国家留学教育服务情况，这会对中国在各类自由贸易协定中制定境外消费教育服务的开放承诺起到一定的参考作用。

第 7 章
自由贸易协定下的跨境交付教育服务

7.1 作为一种服务提供方式的跨境交付教育服务

　　跨境交付是指自一成员境内向其他任何成员境内提供服务,不涉及服务提供以及消费者物理位置的移动,服务自身发生跨境的位移。这种服务提供方式在教育领域,主要表现为远程教育课程与教育培训服务,包括虚拟大学、在线课程(课堂)或网络学校等。当前,在提及教育的跨境支付时惯常认为它是基于互联网的在线教育(online education)。的确,基于互联网的在线教育是近年来发展很快的一种教育服务形式,但从跨境交付的角度来看,在线教育是其中一个类型,并非全部。

　　根据韦斯词典的定义,在线(online)是作为形容词和副词存在的,指连接到系统,由系统提供服务或通过系统[尤其是计算机或电信系统,如互联网(Internet)]提供。以该定义对在线首次作出使用的时间是 1950 年。我们熟知的互联网一词首次使用则是在 1986 年;相比之下,电信(telecommunication)一词的首次使用是在 1932 年。由此可见,在线教育的媒介不仅是互联网系统,也包括电信系统。事实上,通过广播、电视、电影等媒介进行教育的活动,在教育发展史上曾发挥过非常重要的作用,它们也是在线教育的重要组成部分。

　　在继续讨论在线教育之前,有必要对一个关键问题进行分析,那就是即时性。基于课堂的传统教育活动是即时性的,教师的教和学生的学是同时进行的,因而教学活动得以顺利实施。国际服务贸易的其他三种提供方式,境外消费、商业存在和自然人移动,均能够确保教育的教和学在同一时空进行。但对于境外交付,就需要区分情况进行分析了。如果借由互联网和计算机,是能够确保教育者和受教育者在同一时间通过在线方式实现教育活动的,即确保教育活动的即时性;如果采用电视和广播的方式,也是能够确保即时性的;但如果将授课过程录制下来,存储到网站上或在电视机广播中重播,那是不是一种即时性教育服务呢? 再或者,将授课过程记录下来,以录音录像带、教材或光盘等形式存储,邮寄给教育服务的消费者,这还是一种教育服务吗?

回答上述问题需要回归教育服务的属性。教育服务的生产和消费通常同时发生,不论教育服务以怎样的形式储存,只有在消费者使用教育服务时,如打开网站、播放录影、收听磁带、翻阅教材时,教育服务的链条在形式上才得以完整。这样就可以回答前述的问题,将授课过程或内容进行重播也好,进行记录也好,消费者的消费行为在时间上的迟滞,并不违背教育服务的属性;所以上述形式均属于教育服务,但不一定属于即时性教育服务。但如果教育服务的消费者没有使用这些媒介,如只是将授课过程上传到网站,而消费者并没有查阅学习,那么教育服务的链条并没有完成。

教材的情况更特殊一些。教材可以理解为一种学习资料,是教育活动得以开展的重要实物媒介。学习材料的内涵远不只教材,教材通常是与某教育项目或教育活动配套使用的学习材料。多数学习材料,包括部分教材,是可以自由买卖的,但如果它们不是同某个教育项目或某项教育活动配套的,那就只能归为出版物的消费,而不是教育消费。延展到跨境领域,例如,某人参与了国外某学位项目,该项目除了在线授课之外,还有配套的教材供使用,那么不论是学习者自行购买教材,还是学位项目中包括此教材,该教材的消费都应当被记入跨境支付教育服务当中。但在现实中,一方面,越来越多的学位项目不提供实物教材,需要学习者自行购买;另一方面,在服务统计中,如果是自行购买的教材,该类消费通常不被记入教育消费。同时,如果某人仅是自行购买某学位项目指定的教材,但并未参与该项目,则不构成教育服务的消费,因而并不在教育服务的统计范围内。

由此,我们可以总结出跨境支付教育服务的几个关键点。一是服务的跨境移动,服务的提供者与服务的消费者处于不同国境。二是教育服务的整体性,从整体教育项目来审视教育服务的跨境位移。三是教育服务的连续性,从更长时间维度来审视教育服务的跨境位移。

7.2 跨境支付教育服务的发展趋势

同其他服务类型相同,教育服务对服务提供者也有很强的依赖。从这个角度分析,人们通过文字、图片、音频和视频等形式,对教育过程和内容进行记录,一定程度上就是为了打破对服务提供者的依赖,克服时空对服务提供的阻碍。很显然,随时技术的进步,人们不论是在记录和储存信息的能力方面,还是在信息传输方面,都有了飞快的进步。这就决定了教育服务的提供和消费,一定会在更广的地域和更长的时间范围进行;对教育资源的配置,也会超越区域和国境的视野,放眼全球。全球教育资源配置的不均衡,尤其是优质教育资源集中在少数国家的现状,更是加快了这一趋势的发展。

"施教全球"和"求学全球",从理论上分析,对人类教育视野的发展,对人类文明的交流和发展,以及对服务业的发展,都是存在益处的。尤其是在计算机和互联网技术快速发展的今天,不出国门,不出家门,走在路上,随时随地就可以与世界上很多院校的课堂互联,链接符合所需的、高质量的,甚至是个性化和定制化的教育服务。一台连接网络的手机或电脑,与繁琐的签证办理以及高昂的旅行、居住和生活费用等相比,成本不可同日而语。上述场景不论是对于教育从业者还是服务业从业者来说,都是令人振奋的。所以,跨国境提供的教育服务,其发展潜力普遍被看好。

其中,大规模开放在线课程(Massive Open Online Course,MOOC)的发展发挥了重要作用。MOOC 的雏形诞生于 2008 年,真正大规模运用是在 2012 年,因此 2012 年常被称作"MOOC 元年"。早期 MOOC 主要是由一些大学建立和推行的。到 2012 年,出现了几家与顶尖大学关系密切的在线课程公司,最具代表性的是 Coursera、Udacity 和 edX。之后的若干年里,专门从事在线教育的公司大量出现,根据其利润分配机制,基本可以分为非营利性的,如 Khan Academy 和 edX,以及营利性的,如 Udacity 和 Coursera;在线教育的市场规模发展很快,各大公司的全球注册学生数量巨大。如 Coursera 截至 2022 年 12 月的全球注册用户数达到 1.18 亿人，与超过 300 家高等教育机构有合作[①]；edX 截至 2021 年的注册用户超过 4 000 万[②]，Udacity 到目前的注册用户超过 1 600 万。

初期，这些在线教育平台主要在美国国内开展相关业务，但很快，其影响力就波及全球。这也是其在线、大规模与开放等本质属性决定的。以 Coursera 为例，根据其 2021 年的一份报告显示，在 9 200 万注册用户中，美国用户为 1 730 万，印度用户为 1 360 万，墨西哥用户为 480 万，巴西用户为 370 万，中国用户为 330 万。加拿大、俄罗斯、英国、哥伦比亚和埃及的用户数量也都在 200 万人左右；从用户增长率来看，巴拉圭的用户增长率达到 98％，黎巴嫩达到 97％，菲律宾达到 85％，圭亚那、印度尼西亚、肯尼亚、埃塞俄比亚、卢旺达、越南、哈萨克斯坦的增长率均在 50％以上。[③]可见，Coursera 的教育服务在亚洲和非洲很多国家广受欢迎。

在美国之后，全球其他国家的 MOOC 发展也非常迅速。如早在 2013 年，加拿大、墨西哥、中国，以及欧洲和其他地区的数十所大学已宣布与美国大型 MOOC 提供商建立合作伙伴关系。英国于 2012 年建立了 FutureLearn，欧盟于 2013 年成立 Iversity，同年，澳大利亚、法国和爱尔兰分别成立了 Open Universities Australia、FUN 和 Shaw Academy。

在 MOOC 快速发展的同时，其问题也逐渐显现，最先引起广泛关注的是流失率和退学率问题。尽管注册课程的学习者人数往往在数千人左右，但只有极少数的注册学习者完成了课程。有很多相关研究对完成率进行了测算，具体数据不一而同，总的来看测算的完成率鲜有超过 15％的，有些测算结果仅为 3％—5％。对流失和退学原因进行的相关研究也逐渐多了起来。除此之外，MOOC 的其他一些问题也开始引起讨论，如适应在线教育的教学方法和教育内容设计、在线教育质量的保障、在线教育的体验，等等。总的来看，尽管有诸多不足，MOOC 仍呈现出发

---

① https://www.sec.gov/ix?doc＝/Archives/edgar/data/1651562/000095017023004143/cour-20221231.htm.

② https://impact.edx.org/hubfs/impact-report-2022.pdf?hsCtaTracking＝8366bf42-9765-4a38-8d85-2e7a0829016d％7C7fbba536-5150-4ee1-8e51-f11c889f44f2.

③ 资料来源：https://about.coursera.org/press/wp-content/uploads/2021/11/2021-Coursera-Impact-Report.pdf.

展和进步的姿态,其在高等教育、职业教育和其他教育与培训领域得到了越来越广的运用。

MOOC第二次快速发展是在新冠疫情全球蔓延时期。新冠疫情使得很多大学不得不关闭校园,在校学生只能通过在线形式继续完成学业。短期内将线下课程快速且大规模地"搬到"线上的确不像打开摄像头那么容易。可以说,全球高校都在"上线"问题上进行探索。这其中有三种情况是较难处理的。一是针对招收新学生的教学安排,二是多种类型与形式的继续教育与培训的需求,三是相对较难以在线形式进行授课的教学。

这三种情况其实揭示出在线教育与非在线教育的一些根本性差异。例如,在线教育在人际互动、人与环境的互动方面是无法与非在线教育相媲美的;一些对动手实践依赖较强的教育或培训项目,如大量的职业技能培训,使用在线形式往往效果不佳;对相关仪器有显著依赖的教育,如大量的工程教学、实验项目等,可以说是无法通过在线形式完成教育活动的。再如,就从信息传输的角度来讲,在线学习看似与线下学习在传输信息方面的作用几乎相同,但在线下教育场域中非课程知识方面的信息传输是线上教育完全无法比拟的,考虑到教育的最终目的是通过信息传输实现人才培养,对在线教育质量不佳的诟病也就不足为奇了。

尽管如此,在线教育在新冠疫情期间还是发挥了不可替代的重要作用,在最大程度上保持了教育的连续性和持续性。可以说,新冠疫情使得在线教育在各级各类教育活动中得到了深入、广泛且相对长时间的应用。新冠疫情之后,人们对于在线教育的认识有了很大提高。首先是对在线这种形式的接受程度有了显著提升。其次是对在线适合哪种教育内容和教育方式,在实践之后有了相对清晰且客观的认识。第三是"上线"过程更加科学合理,与在线教育相关的管理日渐完善,在线教育的质量有了稳步提升。

新冠疫情之前,客观来讲,尽管在线教育发展很快,但与传统教育方式相比,还是明显处于次要地位。新冠疫情期间,在线教育发挥了重要作用,甚至成为唯一可正常运行的教育活动。新冠疫情之后,在线教育既没有回到新冠疫情前的次要地位,更没有持续新冠疫情期间的主导作用。之所以没有延续新冠疫情期间的发展态势,一方面有在线教育与传统教育方式之间存在固有差异的原因,这种差异是一种不可互相替代的差异;另一方面,在线教育自身存在的问题未能得到有效解决,与在线这种形式相关的监管、保障和服务等方面的体制机制仍不完善。显然,后一种原因的影响更大。

7.3　自由贸易协定中的跨境支付教育服务及其问题

在跨境支付过程中,服务的提供不构成人员、物质或资金的流动,而是通过电信、邮件、计算机网络等方式实现。一般认为跨境支付是和传统国际货物贸易最相类似的服务贸易形式,因此在 WTO 成立过程的乌拉圭回合谈判中,尽管参加国对商讨中的多边规范所应包括的服务贸易形式存在不同意见,但对跨境支付的纳入并无太大分歧。虽然被纳入了国际服务贸易提供方式,但实践中不论是基于 GATS 协议还是诸多自由贸易区协定,相较于其他服务提供方式,跨境支付都是教育服务贸易领域中开放程度相对较低的。以中国为例,中国在所有国际贸易协定中均未就开放跨境支付教育服务作出承诺。

7.3.1　中国在自由贸易协定中的跨境支付教育服务现状

从本书写作时掌握的资料来看,与中国签订自由贸易协定的国家中对跨境支付教育服务作出开放承诺的有以下国家。它们及其作出的开放承诺范围分别为:毛里求斯的学前教育服务、初级教育服务、成人教育服务和其他教育服务;格鲁吉亚的初级教育服务、中等教育服务、高等教育服务和成人教育服务;韩国部分成人教育服务;新加坡列举了具体类型的其他高等教育服务、成人教育服务和其他教育服务;巴基斯坦的成人教育服务、其他教育服务和匹配相关条件的高等教育服务;柬埔寨的高等教育服务、成人教育服务和其他教育服务;瑞士私人教育服务中非义务教育阶段的中学教育服务、高等教育服务、成人教育服务和列举具体类型的其他教育服务;新西兰私人教育服务中的初等教育服务、中等教育服务、高等教育服务和列举具体类型的其他教育服务;智利中等岗位技术和职业教育服务以及成人教育服务;泰国的技术和职业教育服务;等等。就已承诺开放跨境支付教育服务的国家情况来看,成人教育服务和其他教育服务在跨境支付方面的开放程度是相对较高的,其次为高等教育服务,学前教育服务、初等教育服务和中等教育服务是相对较低的。

现代信息技术不断发展和信息基础设置不断完善,客观上为跨境支付教育服务的发展提供了良好的条件。近年来在线教育的快速发展,也在很大程度上证明了通过在线方式提供教育服务的可行性与可靠性。前文已述,通过在线形式提供教育服务,能够大大降低传统通过人员流动进行消费服务这一方式的成本。也就是说,跨境支付这种形式在国际教育服务贸易领域拥有较大的发展潜力。但之所以有很多国家对其的开放仍持谨慎态度,与这种教育服务提供方式自身存在的一些难以克服的问题有密切关系。本节以中国在新冠疫情期间对跨境在线教育的管理为例予以详细说明。

新冠疫情全球蔓延之后,一些国家的大学不得不采取线上授课的方式,将大量课程转向线上。根据中国 2018 年版《国(境)外学历学位认证评估办法》的规定,"跨境远程学习方式的国(境)外文凭证书"的,不在教育部留学服务中心的认证范围内。这就产生了现实和规定之间的矛盾。

为此,教育部留学服务中心在 2020 年 4 月 3 日发布《关于新冠肺炎疫情影响下留学归国人员学位认证工作的几点说明》,该文件明确指出,中国留学生因新冠疫情影响无法按时返校的,选择通过在线方式修读部分课程,以及因此导致的其境外停留时间不符合学制要求的情况,不作为影响其获得学位学历认证结果的因素。也就是说,部分中国学生在归国之后受新冠疫情影响无法回到留学院校所在国家,不得不采取在线形式继续完成课程。这种情况可能导致其在国外停留时间不符合原学制的要求,但并不影响中国对其获得学位学历的认证。

该文件有效保证了前述群体的权益,使他们能够继续完成学业,确保了教育项目的持续进行。同时,该文件引起了广泛关注,社会上开始出现一种声音,即可在中国通过完全远程学习方式获得国外学位学历,并能够在国内获得相关认证。这明显是对该文件的误读,但是却引起了市场的反应。一些声称能够达成前述目的的跨境在线教育项目开始出现。

为此,教育部留学服务中心在 2021 年 3 月 19 日发布《关于新冠肺炎疫情期间留学人员学历学位认证工作的补充说明》,该补充说明一方面指出,被迫选择通过在线方式修读部分或者全部课程的留学人员,在满足海外高校规定的学位授予条件后,其所获得的学位可以获得正常认证。另一方面,该补充说明明确反对部分境外院校和中介机构以营利为目的,假借新冠疫情突击增开大量在线课程的做法。可见当时跨境在线教育项目的发展已经出现了不少乱象。

这种乱象并没有停止,反而有愈演愈烈的趋势。2021 年 8 月,教育部留学服务中心发布了《关于暂停马来西亚北婆罗洲大学学院学历学位认证申请的公告》,指出该校涉嫌在中国境内突击扩大招生规模,大量开设低质量的在线教育课程,且有众多申请者持该校相关文件申请认证。为此,教育部留学服务中心自公告发布之日起,暂停对该校的学历学位认证申请。同时,教育部留学服务中心提醒留学人员,甄别在线项目,避免上当受骗。该份公告是新冠疫情之后中国首份对跨境在线教育进行管制的文件。自此之后,一直到 2023 年初,留学服务中心共发布了五份对部分国外院校学历学位认证停止认证或者加强认证审查的公告。这表明在新冠疫情期间,有为数不少的国外院校加紧在中国境内开设并不符合质量相关要求,且无法获得教育部留学服务中心认证的学位项目。

2022 年 3 月 24 日,教育部留学服务中心发布《关于新冠肺炎疫情期间留学人员学历学位认证工作的补充说明(二)》,对跨境远程学习的认证情况予以进一步规范。该补充说明指出,海外院校开设的课程,分为面授和远程授课两种主要模式,根据国内相关规定,只有面授形式课程所对应的学位学历,可以申请教育部留学中心的认证;同时,受新冠疫情的影响,在院校允许的情况下,前述面授课程部分或者全部改为在线形式,不影响其认证资格。而本来就是以跨境远程学习形式获得的国(境)外学历学位证书和高等教育文凭,暂不在中心认证范围。该补充说明发布后,服务中心在同年 9 月和 12 月再次发布两份对部分国外院校学历学位认证加强认证审查的公告,这说明跨境在线教育的乱象依然存在。

随着全球新冠疫情防控工作取得重要进展,对跨境远程教育的管理方式也进行了重要调整。2023 年 1 月 28 日,教育部留学服务中心发布《关于调整疫情期间对跨境远程文凭证书特殊认证规则的公告》,该公告指出,中心决定取消新冠疫情期间的特殊认证规则;对于 2023 年春季学期(南半球秋季学期)及以后仍采用远程方式学习(包括新入学和继续学习情况)所获国(境)外文凭证书,教育部留学服务中心将不再提供认证服务;确有特殊原因且符合有关规定的,教育部留学服务中心将做好个案处理。自此,从 2020 年 4 月 3 日至 2023 年 1 月 28 日,新冠疫情期间针对跨境在线远程学习的特殊管理政策正式宣告结束。

就在前述公告发布的同日,教育部留学服务中心公布了新版《国(境)外学历学位认证办法》,该版是在 2018 年版本基础上进行修订的。新版认证办法与旧版相比发生了较大变化。旧版第七条"暂不提供认证范围"的第六条明确规定,"跨境远程国(境)外学历学位证书和高等教育文凭"不在学历学位认证范围内。新版认证办法第二十条对收到认证申请后不予受理的情况进行了规定,具体的十一种情况中并未明确提出关于跨境远程学习的情况。

此外,新旧版本的认证办法对国(境)外学历学位证书的界定略有变化。旧版认证办法的定义为,"中华人民共和国有关法律法规、中华人民共和国缔结或加入的国际公约、他国有关法律法规所定义的高等教育机构所颁发的资历证书"。新版认证办法的定义为,"我国法律法规规章、有关规定,缔结或者参加的国际公约、协定以及证书所属国(地)有关法律法规等所定义的高等教育学位证书、学历证书或者具有学位效用的其他学业证书"。新版认证办法增加了"证书所属国(地)有关法律法规等所定义的"学位学历证书,以及"或者具有学位效用的其他学业证书"两种更加开放性的表述。但总的来看,新版认证办法并没有明确肯定或否定跨境远程学历学位证书的认证资格。

总的来说,教育部留学服务中心 2020—2023 年针对新冠疫情特殊情况对跨境在线教育出台的文件如表 7.1 所示。

表 7.1　2020—2023 年教育部留学服务中心针对新冠疫情特殊情况对跨境在线教育出台的文件

时间	文　件	主　要　内　容
2020 年 4 月 3 日	《关于新冠肺炎疫情影响下留学归国人员学位认证工作的几点说明》	受新冠疫情防控影响,留学人员无法按时返校而选择通过在线方式修读部分课程,以及因此导致的其境外停留时间不符合学制要求的情况,不作为影响其获得学位学历认证结果的因素
2021 年 3 月 19 日	《关于新冠肺炎疫情期间留学人员学历学位认证工作的补充说明》	被迫选择通过在线方式修读部分或者全部课程的留学人员,在满足海外高校规定的学位授予条件后,其所获得的学位可以获得正常认证。坚决反对部分境外院校和中介机构以营利为目的,假借新冠疫情突击增开大量在线课程的做法

续表

时间	文件	主要内容
2021 年 8 月 13 日	《关于暂停马来西亚北婆罗洲大学学院学历学位认证申请的公告》	该校涉嫌在新冠疫情期间,针对中国市场突击扩大招生规模,通过在线方式大量输出低质课程。决定的该暂停马来西亚北婆罗洲大学学院学历学位认证申请
2021 年 9 月 3 日	《关于对部分国外院校学历学位加强认证审查的公告》	由于涉及在新冠疫情期间针对中国市场大肆开设低质量在线课程,从即日起对部分院校的认证申请启动加强审查,审查期间,认证期限将相应延长
2021 年 11 月 26 日	《关于对部分国外院校学历学位认证加强认证审查的公告(二)》	
2022 年 3 月 24 日	《关于新冠肺炎疫情期间留学人员学历学位认证工作的补充说明(二)》	新冠疫情期间一些海外院校就同一课程同时开设面授(含因疫情影响调整为在线授课的情况)和远程等授课模式,在此特别提醒留学人员,根据《教育部留学服务中心国(境)外学历学位认证评估办法》,跨境远程国(境)外学历学位证书和高等教育文凭暂不在教育部留学服务中心认证范围内。对于本应以面授方式学习的学生,因受新冠疫情影响在院校允许的情况下在线学习部分或全部课程,所获国(境)外文凭证书在认证时不受影响
2022 年 9 月 6 日	《关于对部分国外院校学历学位认证加强认证审查的公告(三)》	为维护中国留学人员合法权益,维持留学市场正常秩序,进一步落实《关于新冠肺炎疫情期间留学人员学历学位认证工作的补充说明》的有关精神,教育部留学服务中心持续关注认证数据及相关举报情况,现决定从即日起对部分院校(项目)的认证申请进行加强审查。审查期间,认证期限将相应延长
2022 年 12 月 14 日	《关于对部分国外院校学历学位认证加强认证审查的公告(四)》	
2023 年 1 月 28 日	《关于调整疫情期间对跨境远程文凭证书特殊认证规则的公告》	教育部留学服务中心决定取消新冠疫情期间的特殊认证规则。对于 2023 年春季学期(南半球秋季学期)及以后仍采用远程方式学习(包括新入学和继续学习的情况)所获国(境)外文凭证书,中心将不再提供认证服务。确有特殊原因且符合有关规定的,中心将做好个案处理

续表

时间	文 件	主 要 内 容
2023年1月28日	《关于公布施行〈国（境）外学历学位认证办法〉的通知》	在《国（境）外学历学位认证评估办法》（2018年1月发布）的基础上，修订完成了《国（境）外学历学位认证办法》，现予以公布并从即日起开始施行

资料来源：根据教育部留学服务中心网上服务大厅相关信息整理而成，参见 https://zwfw.cscse.edu.cn/cscse/lxfwzxwsfwdt2020/xlxwrz32/tzgg61/index.html。

7.3.2　自由贸易协定中跨境支付教育服务发展的主要问题

通过前述的分析可见，跨境支付教育服务发展的三项主要问题，是质量、认证和本地化。

1. 质量问题

质量可以从三个角度加以审视。一是作为一种教育形态的内部质量。在线教育的内部质量，是指基于教育活动本身的质量，是在线教育作为一种教育形态，满足受教育者的受教育需求，促进受教育者全面发展的质量。具体可以表现为在线教育的内容质量、教学或授课质量、教育成果质量等。二是作为一种社会活动形态的外部质量。在线教育的外部质量，最主要是指该教育活动满足社会需求的能力。具体表现为教育内容是否符合社会需求，经过教育或培训的人是否具备社会需求的知识与技能，等等。三是作为一种服务业形态的质量。在线教育作为一种服务业，其质量主要表现在用户满意度和营利能力两方面。满意度是一个综合性评价指标，前述的教育内容质量、满足社会需求的质量等，均是构成满意度的重要内容。除此之外，服务质量、用户的体验感、品牌的知名度和声誉等，也会对满意度构成重要影响。对于营利能力，则要测算该项教育服务的收益和成本，以及营利的可持续性等方面。

前文已述，新冠疫情期间出现了一批国外院校，在国内快速且大量地推广低质量的在线跨境教育，教育部留学服务中心察觉并发布公告，严格甚至暂停这些项目的学历学位认证审查。这里提及的这种跨境在线教育的最大问题就是质量。一是其作为一种教育形态是低质量的，课程匆匆上马，未经过科学的论证设计，课程内容质量较低,对课程的审查和教育项目的考核十分宽松。二是其作为一种社会活动形态是低质量的。快速且大量地推广在线跨境教育,并没有对市场需求进行科学的调查和研究,其满足的不是合法合理的需求,而是投机取巧妄图"钻空子""走捷径"的不合法、不合规的"需求"。这样的教育服务最终会被社会淘汰。三是其作为一种服务业态是低质量的。其在国内的快速推广看似能够快速获得大量收入,但违法违规的操作很快就被相关部门察觉并采取针对措施,营利的持续性极差,用户的满意度和品牌声誉可想而知。

在线教育的质量问题很早就被关注,并引发了很多讨论。在"MOOC 元年"后不久,就有大量报道和研究关注在线教育极高的流失率和退学率问题。一项被广泛关注的"未能完成 MOOC 的十大原因"的报道指出,每节课的持续时间太长,缺乏课程所必须的基础知识,课程内容太低级,授课枯燥且缺乏互动,整个教育项目缺乏学习指导,课程存在隐形收费,等等,是导致多数人未能完成 MOOC 课程的主要原因。[1]

由此可见,顺利完成一门课程的学习,第一需要相应的基础知识;第二需要课程教学过程中提供必要的学习指导、学习监督和学习支持;第三,课程的内容应当匹配学习者的需求,符合其知识和能力水平;第四,应当通过反馈持续调整并推进课程。对于一个学习项目,除了需要具备前述因素外,还应当提供必要的学业指导,指导学习者规划和设计学习计划,选择课程;营造良好的学习氛围,促进学习者之间的交流;持续测评和反馈学习效果;等等。而当下的在线教育并不都能提供上述必要的服务。

还有一些研究关注到学习者自身特质对 MOOC 质量的影响。有研究指出,尽管 MOOC 声称每个人都可以注册学习,但这并不意味着每个人都可以享有相同的课程完成率,完成在线课程与教育经历之间存在很强的相关性,完成课程的学生中有 84%—88% 是受过高等教育的。以往经验也会有所影响,在完成课程的学生中有 65%—80% 的学生至少有过一次使用在线学习平台的经验,而没有经验的学生占比只有 6%—31%。此外,性别对 MOOC 的完成率也有一定影响。[2]该研究为在

---

[1]　https://www.openculture.com/2013/04/10_reasons_you_didnt_complete_a_mooc.html.

[2]　T. V. Semenova & L. M. Rudakova, 2016, "Barriers to Taking Massive Open Online Courses(MOOCs)", *Russian Education & Society*, 58:3, 228—245.

线教育作为一种服务业态的发展提供了重要启示,那就是目标客户和品牌声誉的问题。如果忽略课程的完成率情况,对客户不加甄别,以尽可能扩大用户量为目的,则从长远角度会破坏品牌声誉,对品牌发展造成负面影响。

2. 认证问题

跨境支付教育服务发展的另一项问题就是认证。2023 年版《国(境)外学历学位认证评估办法》第二条指出,"本办法所称国(境)外学历学位认证,是指教育部留学服务中心根据申请人的自主申请,依据本办法与服务协议,对国(境)外高等教育学历学位证书的合法性、真实性以及与我国相应学历学位的对应关系等作出专业性、技术性认定和说明的活动"。

由此可见,国(境)外学历学位认证,首先是一种自主申请的行为,并非必须环节,只能由申请人自主向留学服务中心递交申请。其次,认证的主要内容各有三方面,一是合法性,二是真实性,三是与中国相应学历学位的对应关系。最后,认证结果是专业性、技术性认定和说明。另根据《国(境)外学历学位认证评估办法》第五条的规定,认证的标准有两项基本原则,一是结合国情并参考国际惯例,二是充分考虑各国家(地区)高等教育体制差异性。具体标准有三方面,首先以中国法律法规规章以及有关规定为依据;其次以中国缔结的双边和多边条约、协定和其他具有条约、协定性质的文件为准则;最后以中国和相关国家(地区)高等教育学历学位制度、资历框架与质量保障机制为基础。

在 2018 年版《国(境)外学历学位认证评估办法》的第七条中,明确提出"跨境远程国(境)外学历学位证书和高等教育文凭"暂不在学历学位认证范围内。2023年版本中则无此明确规定。这给予了发展跨境远程教育的空间。

从前述规定来看,不论是传统教育方式授予的学位学历,还是远程在线授课方式授予的学位学历,能够获得国家认证都是至关重要的。跨境远程教育在各国获认可及认证的程度有较大差异,这一方面与各国教育发展情况、在线教育发展情况相关;另一方面与各国的教育管理体制,特别是教育质量认证体制机制有密切关系。

以美国为例,美国的教育认证主要依托第三方认证机构,如 CHEA、NEASC、MSA 等。在线教育这种形式快速发展之后,很多认证机构都开发了针对性的认证标准。如 SACSCOC 开发的远程与函授教育认证标准,该标准于 1997 年首次提出，后经 2006 年、2010 年、2012 年、2018 年和 2020 年六次修订。该标准对远程和函授教育的定义、发展使命、课程与教学设计、教师配置、支持资源和学生服务等多个方面进行了详细规定。①在诸如此类的标准在提出后，院校或教育机构主动申请认证机构对其在线教育项目进行认证。这样，开设在线教育的机构以及认证机构，都会接受市场和社会的监督。这种第三方认证机构的机制，其优势是具有灵活性和多样性，在新的教育业态出现后，它能够快速响应相关需求，提供各有侧重的认证标准。其劣势是缺乏稳定性和持续性，标准的更迭速率相对较快，标准的适用范围和适用时间具有较大不确定性。相较而言，国家统一的教育认证机制，在稳定性和持续性上是具有显著优势的，但同时其灵活性和多样性通常较差。从跨境支付教育服务的角度来看，一般而言，第三方认证机制在推行相关认证方面的快捷性上会有更佳表现，国家统一认证机制的难度则相对较大。

3. 本地化问题

即使在质量和认证方面都取得了顺利进展，跨境支付教育服务还需要解决本地推广的难题。跨境支付教育服务的提供者与服务消费者不处在同一个国家境内。服务提供者，包括教师以及运营团队、服务的运营模式，以及服务的管理体制和机制等，都需要面对在他国开展教育服务的挑战。

首先是跨文化的挑战。教育服务与其他服务相比，其特殊性之一在于其带有鲜明的文化属性。教育通常是一个民族、一个国家以及一个区域文化的体现，是该文化圈哲学观、价值观和发展观的具体表征。跨文化运营将是一个较大的挑战。服务提供者需要熟悉服务消费者的语言和风俗，对其文化背景有较为深入的理解，且要据此调整服务内容、提供方式和质量标准等。其次是跨境运营和盈利能力的挑战。跨境运营对开发、市场、服务等各类团队的建设，以及人员管理、薪酬激励等提出了更高的要求。同时，跨境合规性的管理将是所有跨境教育提供者绕不开的关键问题。各国市场发育程度不同，需求侧重不同，基础设施发展情况不同，特别一些多民族和文化异质性较强的国家，都会对服务的盈利能力提出较大挑战。

---

① https://sacscoc.org/app/uploads/2019/07/DistanceCorrespondenceEducation.pdf.

第8章
自由贸易区提升战略下教育服务贸易的发展路径

中国已建成世界上规模最大的教育体系,在教育现代化发展总体水平上已跨入世界中上国家行列。展望未来,中国教育需要不断提升高质量发展能力,完善教育对外开放战略策略,统筹做好"引进来"和"走出去"两篇大文章,有效利用世界一流教育资源和创新要素,不断使教育同中国综合国力和国际地位相匹配,使中国成为具有强大影响力的世界重要教育中心。

在这一过程中,依托自由贸易区提升战略发展国际教育服务贸易是关键举措。教育服务贸易的发展不仅能够激发服务贸易市场潜力,丰富和繁荣服务贸易市场业态,而且能够深度推进教育的制度型开放,强化中国参与区域教育治理和配置全球优质教育资源的能力,服务、支撑并引领国家重大对外开放战略。

通过本书前面章节的分析可见,国际教育服务贸易的发展应当匹配国家整体发展战略,有完善的体制机制保障,持续推进相关研究并强化相关顶层设计;应当对教育服务发展实务具有及时、充分且全面的把握,建立严谨科学且维度丰富的教育服务贸易统计机制,夯实决策基础;应当推进高水平经贸规则在教育服务领域的应用,强化规则意识,创新制度型教育对外开放,加快从正面清单向负面清单转化;应当把握中国在教育服务领域的比较优势和先发优势,聚焦数字贸易发展契机,推进教育服务贸易的数字化发展;应当在一些关键性制度设计上有所突破,提高制度设计的系统性、全面性和前瞻性。由此,本书提出以下基于自由贸易区提升战略的教育服务贸易发展路径。

8.1 强化自由贸易区提升战略下的教育服务贸易发展的顶层设计

本书第 3 章曾述,自由贸易区是主权国家之间基于各自的实际和需求,在平等协商和互惠互利基础上达成的一揽子优惠经贸协定。作为协定的一部分,教育服务贸易方面必然服从国家战略安排,这为从国家层面完善教育服务的顶层设计提供了依据。

一是强化自由贸易区提升战略背景下教育服务贸易发展的相关研究。从现有成果来看,不论是从国际经济、国际贸易,还是教育管理领域来看,该方面的研究还是较为薄弱的。科学决策必须夯实决策基础,厚实学理基础和数据根基。为此,应当加强以下三个方面的分析和研究。第一,理论研究,建构国际教育服务贸易的理论框架。该方向的研究涉及国际贸易学、国民经济学、国际法学、经济法学、教育学、教育经济学、比较教育学、工商管理等诸多学科和专业,需要持续不断进行跨学科和多学科研究,在反馈实践需求的同时不断建构教育服务贸易理论框架。第二,政策研究。对现有涉及教育服务贸易的政策进行深入研究,梳理有利的政策资源,明确政策规制边界,打通政策之间的隐形壁垒。第三,比较研究。及时且全面地把握全球其他国家发展教育服务贸易的举措和成效,对代表性案例进行深入剖析,包括正面案例和反面案例,提升研究的国际视野,助力提高对中国相关政策的预判能力。

二是不断完善相关数据的统计和分析。目前国内对教育服务贸易的统计工作尚不健全,针对指标和数据缺位问题,应当加快相关统计工作的建设,吸纳政府、高校、研究机构、企业等多元主体参与,从多个领域和多个角度真实反映中国的教育服务贸易;针对指标和数据不到位问题,应当强化相关领域的研究工作,采取普查和抽样调查相结合的方式,在理论支撑下完善统计与调查的信度和效度,持续革新和完善统计分析工作。

三是制定教育服务贸易发展规划。可以借鉴澳大利亚和新西兰的经验,制定中国的教育服务贸易发展规划。对于政府部门来说,应当强化教育、商务、外事等部门的沟通协作,达成对于发展国际服务贸易的必要性和重要性的共识,建立分工基础上的合作机制,明确制定规划的牵头部门,广泛征集意见,开展深度调研,制定阶段性教育服务贸易发展规划。对于教育行业来说,应当加强自我组织、自我管理和自我研究,发挥行业协会和企业组织的作用,凝聚行业力量,积极参与政策议程,建言献策。对于地方层面来说,也可以制定适合本地的教育服务贸易发展规划,集中优势资源,发挥比较优势,凝练竞争优势。

四是更加积极地参与自由贸易协定的谈判。与货物贸易以及金融、建筑、交通等服务贸易相比,教育服务贸易的体量较小。但正如前文所述,教育服务贸易具有很高的正外部性,其作用的发挥对经济社会发展贡献的呈现,通常是长期的、综合的、间接的。所以相关研究部门必须清晰回答教育服务贸易的多方价值,并与相关部门达成共识。教育服务企业在自由贸易协定的谈判中应当发挥更大作用,积极建言献策,为政府部门提供必要的数据、信息和政策建议。政府部门应当广泛听取企业和研究机构的建议,制定适应不同谈判情况的备选方案,有策略性地安排谈判进程。

8.2 加快教育服务贸易统计工作,夯实高水平开放的基础

服务贸易行业分类、统计体系的成熟与否,是中国跨境服务贸易能否达到高水平开放、负面清单兼具严谨性和灵活性特点的关键。清晰的行业分类、翔实的统计数据以及一致的统计口径是保证负面清单具备科学性和合理性的前提条件。[①]服务贸易统计方法是否规范、统计数据是否准确和翔实、统计口径是否具有一致性、部门分类是否明确等问题,可极大地影响跨境服务贸易负面清单的透明度。中国服务贸易起步较晚,服务贸易统计体系构建始于国家统计局 2006 年发布的《国际

---

① 胡玫、张娟、李计广:《中国跨境服务贸易负面清单推进路径分析》,《国际经济评论》2022年第 6 期。

服务贸易统计制度》。此后该制度被多次修订,但统计制度设计的水平整体不高。①

具体到教育服务贸易领域,其也面临统计标准不一的问题。2023 年 7 月 14 日,国家统计局公布了最新版的《现代服务业统计分类》。该分类将现代服务业范围确定为:信息传输、软件和信息技术服务业,科学研究和技术服务业,金融业,现代物流服务业,现代商贸服务业,现代生活服务业,现代公共服务业,融合发展服务业等 8 个大类。涉及教育的有现代商贸服务业和现代公共服务业两个大类(详见本章附表 1)。现代商贸服务业大类下设专业化人力资源和培训服务中类以及高级技能培训小类。高级技能培训在该统计分类中被纳入现代商贸服务业当中,对应的国民经济行业是部分中等职业学校教育和部分职业技能培训。在现代公共服务业中,教育培训中类仅包括高等教育和成人高等教育两个小类,其他教育服务并未收录其中。

2019 年国家统计局印发了《生活性服务业统计分类(2019)》,该分类将生活性服务业界定为"满足居民最终消费需求的服务活动"。该分类以《国民经济行业分类》(GB/T 4754-2017)为基础,是对国民经济行业分类中符合生活性服务业特征有关活动的再分类。生活性服务业分类包括十二大领域,分别是:居民和家庭服务,健康服务,养老服务,旅游游览和娱乐服务,体育服务,文化服务,居民零售和互联网销售服务,居民出行服务,住宿餐饮服务,教育培训服务,居民住房服务,以及其他生活性服务。教育培训服务被视为一个单独的大类(参见本章附表 2)。在该分类中,涉及教育培训服务的内容相对较多,分类相对细致。但是从教育服务贸易统计的角度来看,生活性服务与教育服务之间存在冲突,仍然无法全面呈现教育服务的全貌。

中国还面临国内统计与国际统计标准不一致的问题。作为 WTO 服务贸易的主要统计数据库,I-TIP 数据库是横向比较各国服务贸易发展情况的重要参考。在 I-TIP 数据库中,对教育服务贸易的统计,美国等教育服务发达国家通常使用的是"教育相关"(education related)指标,该指标包含非本地学生的学费、餐饮费用、住宿费用、本地交通费用、健康服务费用等。而中国则采用的是"个人、文化和娱

---

① 杨丽琳:《对我国服务贸易统计制度设计质量的评价》,《国际贸易》2021 年第 1 期。

乐"(personal，cultural，and recreational services)指标。① 显而易见，美国等国采用"教育相关"指标，在学费之外对于餐饮、住宿和交通等相关费用予以关注，因而更能够相对全面和细致地反映教育服务实际消费情况；而"个人、文化和娱乐"指标相较于教育服务而言太过宽泛，不仅无法精准刻画教育服务发展情况，而且难以形成与他国的横向比较。

留学生的经济贡献也是非常值得关注的统计指标。美国商务部用当年总经济贡献除以当年国际学生规模算出美国留学生的人均经济贡献。以留学教育高速发展的 2018 年和 2019 年为例，这两年美国的中国留学生总量排名榜首，但在人均经济贡献方面却不是最高的。2018 年中国的人均经济贡献约为 4.04 万美元，在留学生规模排名前六位的国家中，只略高于印度，而低于加拿大、沙特阿拉伯、韩国和越南。也就是说，从增加经济贡献的角度来看，增加上述国家的留学生，与增加中国留学生相比，更加有利于美国获取更高收益。这一点在日后美国采取的相关措施中得到了有力验证(见表 8.1)。

表 8.1　美国 2018—2019 学年主要留学生来源地区经济贡献情况(部分)

来源地	学生数	占全部留学生百分比(%)	总经济贡献(亿美元)	人均经济贡献(万美元)
全球合计	1 095 299	—	—	—
中国	369 548	33.7	149.13	4.04
印度	202 014	18.4	81.37	4.03
韩国	52 250	4.8	21.91	4.19
沙特	37 080	3.4	17.51	4.72
加拿大	26 122	2.4	11.26	4.31
越南	24 392	2.2	9.99	4.10

资料来源：经济贡献由美国商务部经济分析局(Bureau of Economic Analysis，U.S. Department of Commerce)提供，参见 www.bea.gov/international；人均经济贡献以当年总经济贡献除以当年国际学生规模算出。学生规模根据相关数据报告整理而成，参见 https://www.iie.org/Research-and-Insights/Open-Doors/Data。

___

① 参见 https://i-tip.wto.org/services/default.aspx。

与此同时,还要加强对留学专业的统计。中国留学教育已经颇具规模,但在专业统计方面仍有很大的提升空间。通过前文分析可见,把握留学生的专业分布,对于凝聚比较优势和弥补短板具有重要意义,在相关自由贸易协定的谈判中也能提供有力支撑。同样以美国为例,通常我们认为中国留学生在美国STEM① 专业领域占据绝对的规模优势,但如果结合具体专业分析,实则不然。以新冠疫情之前的数据进行说明,中国在STEM领域的规模优势,已经被印度超越。从相对人数来看,也就是学科集中度(将STEM领域就读学生比例相加),中国就读STEM领域的学生占全部中国学生的47.7%,印度(占80%)、沙特(占54.4%)、尼日利亚(占59.9%)、尼泊尔(占73.6%)、伊朗(占80.4%)、孟加拉国(占76.8%)等均高于中国。中国处于一个中等水平。从绝对人数来看,中国在健康科学类专业和数学与计算机类专业就读的学生,其规模长期落后于印度。2017年开始,工程类专业的规模也已经被印度超越。在数学与计算机专业领域,中印两国的人数差距在2016

表8.2　中国和印度在三个专业领域的人数对比

专业	国家	2014年与2015年比	2015年与2016年比	2016年与2017年比	2017年与2018年比	2018年与2019年比
工程	中国	59 896	61 110	65 591	69 035	66 518
	印度	49 833	59 730	67 429	69 480	69 088
	中国较印度	10 063	1 380	−1 838	−445	−2 570
数学与计算机	中国	37 701	46 325	54 367	62 495	73 540
	印度	41 727	57 905	65 939	73 602	74 745
	中国较印度	−4 026	−11 580	−11 572	−11 107	−1 205
健康科学	中国	4 257	4 271	3 858	5 087	5 174
	印度	4 784	4 812	5 029	5 299	6 464
	中国较印度	−527	−541	−1 171	−212	−1 290

注:根据相关数据报告整理而成,参见 https://www.iie.org/Research-and-Insights/Open-Doors/Data。

① STEM是科学(Science)、技术(Technology)、工程(Engineering)、数学(Mathematics)教育的总称,即四门学科相结合的跨学科综合教育。

年、2017 年和 2018 年三年均超过一万。2019 年中国就读该类专业的人员有了较大增长(占比达 17.67%),所以两国差距才得以缩小。总的来看,中国在 STEM 领域的集中度处于中等水平,在工程、数学与计算机科学、健康科学方面的规模优势,已经被印度超越(表 8.2)。这一结论对于中国制定相关涉外政策具有重要参考意义。

综合来看,要完善教育服务贸易统计体系,提高教育行业部门提供数据的准确程度,尽量避免由于统计口径不一、部门范围划分不明确而造成的数据统计不准确等问题;要开发和创新更多相关统计指标,并且其重要性愈发凸显。在统计方法上,可采用普查和抽样相结合的统计方法。赋予统计部门对教育服务进行调查的相应权力,以方便其开展教育服务贸易统计工作,通过相关法律法规详细定义教育服务贸易部门类别,规范数据制作方法,完善中国教育服务贸易统计制度。

8.3　加快从正面清单向负面清单转化,推进制度型教育对外开放

负面清单模式是高水平经贸规则的一种重要表现。推进从正面清单向负面清单模式的转化,不仅有利于对接高水平自由贸易协定,加大与国际规则的对接力度,推动对以数字贸易为中心的服务贸易规则治理的重视,而且能够促进中国国内相关法律法规和政策不断完善,提升贸易治理水平和质量。

中国已经进行了负面清单的建设探索。2013 年 7 月,中国在上海自由贸易区实施准入前国民待遇加负面清单管理模式。在跨境服务贸易领域,2018 年《中国(上海)自由贸易试验区跨境服务贸易负面清单管理模式实施办法》和《自由贸易试验区外商投资准入特别管理措施(负面清单)》发布,这是中国在地方层面首次探索跨境服务贸易负面清单制度。2019 年《中华人民共和国外商投资法》第四条规定,国家对外商投资实行准入前国民待遇加负面清单管理制度;第二十八条规定,外商投资准入负面清单以外的领域,按照内外资一致的原则实施管理。这是中国首次在法律层面对外商投资实行负面清单管理制度进行规定。2021 年 7 月,商务部发布《海南自由贸易港跨境服务贸易特别管理措施(负面清单)(2021 年版)》,这是在

国家层面首次发布地方版跨境服务贸易负面清单。相较于之前零碎、分散的开放安排,海南版负面清单和上海版负面清单管理模式使得中国跨境服务贸易对外开放更加系统化,而且开放度、透明度以及可预见性都有所提高。在 160 个分部门中,海南版负面清单在 110 多个分部门里的开放水平超过了 RCEP 协定里中国所作的承诺。①目前商务部等会同相关部门正在制定全国版跨境服务贸易负面清单。

但总的来看,中国采取全面负面清单模式的经验有限,跨境服务贸易负面清单管理模式起步相对较晚。2023 年 4 月 1 日,中国和新加坡签署了《中华人民共和国商务部和新加坡贸易与工业部关于宣布实质性完成中国-新加坡自由贸易协定升级后续谈判的谅解备忘录》,确认实质性完成两国自由贸易协定升级后续谈判。该协定是中国在自由贸易协定实践中首次采用负面清单模式作出服务和投资开放承诺的协定。此外,在中国已完成的自由贸易协定中,有两个采取了混合清单法。一是在 RCEP 协定中对于投资承诺采取负面清单模式,对于跨境服务贸易在现阶段采取正面清单方式。二是在目前尚未完成的中韩自由贸易协定和中澳自由贸易协定第二阶段谈判中中国承诺采用负面清单模式。

有学者对当前中国跨境服务贸易负面清单的问题进行了总结,包括清单的格式构成缺乏直观性和透明度;清单内容的透明度较低,开放水平有待提高;清单的适用范围较为有限。②作为负面清单管理模式的代表,CPTPP 为负面清单管理提供了很好的借鉴。有学者对于 CPTPP 对成员方编制负面清单方面的具体要求进行了总结,并指出一般负面清单编制必须列明以下内容:条目适用部门;条目适用具体分部门;产业分类,指不符措施所涵盖的、根据联合国统计局临时 CPC 编码所代表的经济活动;不符措施涉及的协定义务;采取或实施措施的政府层级;对措施本身的描述,包括截至协定生效时修订、继续或更新措施以及根据该措施授权或维持的与该措施一致的任何从属措施;关于措施的其他说明。③

相较而言,中国的负面清单在形式上过于简单。例如,《海南自由贸易港跨境

---

① https://www.hainan.gov.cn/hainan/zxxx/202107/876bc9fad40c4589baa2f959bc8b54ff.shtml.

② http://ejournaliwep.cssn.cn/qkjj/gjjjpl/gjjjpl226/202212/P020230131616004316391.pdf.

③ 石静霞:《中国加入 CPTPP 谈判中的服务贸易重点问题》,《中外法学》,2023 年 8 月 8 日,http://kns.cnki.net/kcms/detail/11.2447.D.20230714.1805.004.html.

服务贸易特别管理措施(负面清单)(2021年版)》第九条对教育服务进行了规定,包括两点:"57.境外教育服务提供机构除与中方教育考试机构合作举办面向社会的非学历的教育考试外,不得单独举办教育考试"和"58.境外个人教育服务提供者受海南自由贸易港内学校和其他教育机构邀请或雇佣,可入境提供教育服务,须具有学士以上学位,且具有相应的专业职称或证书"。对比 CPTPP 关于列表措施的6项要件,该条既未包含具体分部门,也未提供产业分类,更未指明措施来源,对措施本身的描述和说明也较为模糊,存在解释和适用的困难。

考虑到中国教育服务贸易的相关管理机制并不完善,实施高水平教育服务开放应当采用差异化策略,在完善相关法律法规和监管体系的前提下适度加快推进速度,不宜全部放开。对于在清单Ⅰ①中有限开放的部门以及未来新兴领域、新业态等,利用清单Ⅱ②保留采取相关限制措施的权利。对于他国均不设限制或限制较少而中国限制相对较多的部门或国内发展不成熟的部门,结合国内实际情况设置过渡期限制,促使限制措施分阶段进行,从而逐渐扩大开放。对于一些需求迫切的部门,可以通过完善境外人员监管制度、设置部分限制条件来进一步扩大开放。

8.4 把握数字贸易发展契机,推进教育服务贸易发展

数字贸易是近年来发展较快的一种贸易形势。数字贸易通过数字技术和数字服务带来各领域的颠覆性创新,催生了大量贸易新业态、新模式。数字贸易拓宽了服务产品的可贸易边界,并不断催生出新型数字服务产业。③数字贸易通过数据流动强化各产业间信息和技术要素共享,促使制造业、服务业深度融合,带动传统产业数字化转型。

2020年3月,经济合作与发展组织(OECD)、WTO、IMF 联合发布《数字贸易

---

① ② 清单Ⅰ和清单Ⅱ,也被称为附件Ⅰ和附件Ⅱ,它们是 CPTPP 的一种结构模式,清单Ⅰ 主要表述限制措施,清单Ⅱ主要表示维持保留性措施。

③ 盛斌、高疆:《数字贸易:一个分析框架》,《国际贸易问题》2021年第8期。

测度手册》,将数字贸易定义为"所有通过数字订购和/或数字交付的贸易"。在该概念框架下,数字贸易按照交易方式划分为两个部分。一是数字订购贸易。数字订购贸易引用 OECD 关于电子商务的定义,强调通过专门用于接收或下达订单的方法在计算机网络上进行交易。二是数字交付贸易。数字交付贸易引用联合国贸易和发展会议(UNCTAD)工作组提出的可数字化交付服务概念,强调通过 ICT 网络以电子可下载格式远程交付所有跨境交易。在《中国数字贸易发展报告 2021》中,数字贸易被界定为以数据资源作为关键生产要素、以现代信息网络为重要载体、以信息通信技术的有效使用促进效率提升和结构优化的一系列对外贸易活动。①该报告将《数字贸易测度手册》的概念框架进一步细致划分,按照交易标的将数字交付贸易细分为数字技术贸易、数字服务贸易、数字产品贸易、数据贸易;数字订购贸易分为跨境电商交易的货物和服务,具体内容见表 8.3。

表 8.3　数字贸易类型划分

数字贸易	数字交付贸易	数字技术贸易	指通过信息通信网络交付应用于智能生产的信息技术服务,包括计算机软件服务、通信技术服务、大数据服务、云计算、区块链技术服务、工业互联网服务等
		数字服务贸易	指全部或部分通过数字形式交付的跨境服务贸易,包括互联网平台服务、数字金融与保险、远程教育、远程医疗,以及管理与咨询等传统服务的数字交付部分
		数字产品贸易	指以数字形式通过信息通信网络传播和收发的数字产品贸易,包括数字游戏、数字动漫、数字内容出版、数字广告、数字音乐、数字影视等
		数据贸易	跨境数据流动相关业务目前内嵌在数字产品贸易、数字服务贸易、数字技术贸易中。随着数据产权、数据确权、数据治理等相关法律法规的发展和完善,未来数据贸易或将分离,成为独立的贸易形态
	数字订购贸易	跨境电商交易的货物	
		跨境电商交易的服务	

资料来源:作者根据相关资料整理而得。

---

① https://cif.mofcom.gov.cn/cif/html//MarketReport/app_home/2023/2/1675301837579.html.

数字贸易对教育服务贸易的影响是极为深刻的。

第一，教育服务贸易中本身就蕴含着数字"基因"。例如，当前有大量教学内容是通过数字形式，通过信息通信网络传播的，这些都可以归为数字产品贸易的范畴；远程教育和在线教育等形式，更是近年来飞速发展的数字服务贸易类型。对于数字化趋势的关注，是教育服务本质属性的要求。

第二，数字贸易为教育服务提供了新机遇。一是数字化极大赋能了教育服务的服务能力、服务范围和服务时间，并催生出很多新型教育服务业态。最引人注目的教育方面的数字服务贸易就是在线教育，如前文所述的 MOOC。数字教育快速发展的现象背后有一种隐喻，即并不只在学校才能学习，并不只在学校才能受教育，不是身为学生才能作为学习者。如果从泛教育论的视野审视，数字化赋能帮助学习者克服了"教育主体-教育客体"的关系禁锢，有利于摆脱被改造、被改变的客体定位，进而回归教育是主体间交往关系的本源。这无疑是有深远的哲学意义和价值意义的。二是教育服务具有极高的正外部性，其不仅能够直接创造利润，而且能够有力地支撑、服务和引领其他行业的发展。在数字赋能下，教育服务的外部性将进一步发挥，新业态，以及新型的联合、联动业态必将快速发展，其吸引资本和市场参与者的能力也是不可小觑的。

第三，数字贸易同样向教育服务提出了挑战。一是对于本地教育服务提供者而言，教育服务的消费者通过数字化途径，能够链接到种类更多、范围更广、内容更加丰富的教育服务，这对本地教育服务者提出了竞争挑战。国际化的教育服务供给看似具备了更多本地化的发展潜力，但其必将投入更多资源以便适应各国各地的本土消费偏好，这需要国际教育服务贸易在开发思路和商业模式上不断创新。二是在本书第 2 章论述过，教育不仅是知识的传递，其最终要指向人的培养和发展。数字教育服务在教育质量、教育连续性等方面已经遭遇较大的质疑，如何提升在线教育的质量将是教育服务数字化的重要挑战。三是需要进一步探索与传统教育服务提供方式的良性互动关系。在新冠疫情期间在线教育得到了快速发展，人们在使用在线教育服务过程中，已经逐步对在线教育的优势和劣势有了初步认识。实践中出现了不少值得品味的现象。例如，有的人高呼回归传统课堂，告别"屏幕眼"而选择有更多真切人际互动的教育服务；有的人则有选择地使用在线方式，以克服时间和距离带来的不利影响，在出租车、地铁和火车上上网课的例子并不少见,线下教学与线上教学同步进行的方式也广为接受。但总的来看,在线方式和非在线方式究竟应当如何适用各级各类教育,其适用效果究竟有何差异,对不同学习者而言效用如何,在理论层面和实践层面仍需要进行更深层次的研究。既然提到传统的线下教育,那么数字教育服务面临的第四种挑战就呼之欲出了。四是传统教育机构。在不少国家,在线学位得不到认可,这背后有很多方面的复杂因素,这是发展数字教育服务所必须考虑的。五是相关法律、法规与行业规范的建设依然任重道远。发展数字教育服务贸易,必然涉及数字产权、知识产权保护、数字全安与信息安全保护、跨境数据流动规制、数字产权归属、国家安全以及个人隐私等方面的规制建设,相关领域的监管将是各国的重要任务;在相关的国际条约、国际数字教育贸易治理机制、国际分类与统计,以及行业自我约束机制等方面,也面临艰巨的建设任务。

未来,把握数字贸易发展契机,推进教育服务贸易发展,可以有以下探索路径。

第一,通过数字技术赋能,推进教育资源优化配置。数字技术极大提升了教育服务的供给能力,这为优化教育资源配置提供了坚实支撑。例如,在一些师资力量薄弱、教育市场发展落后的地区,通过数字化的教育服务供给,可以将这些地区与教育发达地区的师资及各类教育资源快速、精准地链接,帮助落后地区提升优质教育服务供给。在教育服务类型化发展落后的地区,可以通过数字化赋能的教育服务,供给差异化教育服务,扩大当地教育服务选择,丰富教育市场业态。在教育服务相对发达的地区,数字技术赋能无疑为其开发数量更多、类型更为丰富、质量更高的高品质教育服务提供了驱动力,该地在此过程中能够进一步夯实优势。总的来看,通过数字技术赋能,教育资源配置能够克服更多障碍,在更广区域、更多领域、更深层次实现优化配置。

第二,立足主体性原则,强化数字教育服务中的人际互动。教育是主体间的交往活动,而不是主体对客体的改造。在主客体关系下,奉行的必然是效率原则,以主体意愿快速、高效地实现对客体的改造。而在主体间关系下,奉行的必然是伦理原则,通过人际互动实现主体能力的提升。当前在线教育的主要问题之一,是将教育消费的客户视为被改造的客体对象,因而忽视了客户的主体性;同时奉行效率原则,快速复制和扩张同质化的教育服务。因此,在数字化赋能教育服务未来的发展中,必然需要投入更多努力,让技术服务于真切的人际互动,以更加适恰的技术支撑主体间实现充分和全面的互动,以此激发学习者的主体能动性。这是提升数字化教育服务质量的根本途径。

第三,通过数字化赋能"因材施教"和"自我教育"。数字技术使得教育服务消费者可以有更多的选择,消费者在初始的欣喜之后会马上遇到一系列棘手难题:哪一种教育服务更加适合自己,该如何安排自己的学习规划,学习效果如何? 这些问题的出现,为数字化教育服务的发展提供了新契机。一方面,数字技术的快速发展为"因材施教"提供了更多现实可能性。通过智能分析技术、大数据技术、实时监测技术等,可以为消费者量身定制满足其差异化需求的教育服务,这种定制化的教育服务既可以体现在授课方式与授课内容的选择上,也可以体现在培养方案上,甚至在生涯学习和职业规划等更大范围的领域上。另一方面,数字技术赋能有利于推进学习者的"自我"教育。当前的教育普遍是施教者与受教者的对话模式,受教者根据施教者的反馈,不断调整自己的认知和行动。这种调试如果能与受教者的自我意识契合,将是一种理想状态,即激发和推进主体性。但事实却是让人失望的,多数受教者难以实现从被动适应到主动调试的转变。数字技术的赋能,为这种转变提供了更多的可能性。在数字赋能下,受教育者可以实时监测和评估自己的学习进展,全面评估自己在学习过程中各方面的表现,实现自己与自己的对话,推进真正意义上的"自我教育"。这种数字赋能"自我教育"的模式,在继续教育、终身教育等外部评估机制相对较弱的领域可能会有领先性突破。

第四,通过数字赋能推进教育服务质量观的推陈革新。当前的教育质量评价总体上是以结果为导向的外部评价模式,即通过考试、测验等形式,由非学习者对学习者的学习成果进行测评。上文已述,受教育者同样是教育逻辑中的主体存在,受教育者自身对学习的感知程度、需求被满足程度、受教育的获得感等,也应当是教育质量的重要组成部分,受教育者自身也是教育评价不可忽视的参与方。若从服务贸易的角度理解就更加清晰了,消费者的感受程度和满意程度是评价服务质量的重要指标。但是,当前教育服务贸易市场有过于倾向消费者满意度而忽视教育质量的趋势。因此,应然的方式是通过数字赋能,革新教育领域和服务领域的质量观,创新教育服务贸易的新型质量观。在数字技术赋能下,不论是前文提到的"因材施教"还是"自我教育",受教育者开始逐渐回归主体地位,其主体能动性开始发挥更大作用。在此核心要素的支配下,教育服务通过数字技术,一方面持续提升教育服务本身的质量,不断丰富教育的类型选择;另一方面持续满足教育服务消费者的体验感和满意度,助力服务质量的不断改善。

第五,扩大数字化教育服务贸易相关领域的开放。一是推进跨境支付教育服务的开放。跨境支付是数字化教育服务贸易的主要提供方式。当前世界的多数国家对跨境支付教育服务的开放持谨慎态度,这在 GATS 中的教育服务开放承诺体现得最为明显。随着技术的不断革新,相关成员方应对现有教育服务市场准入承诺清单进行重新评估,对原有因技术不可行而未作承诺(unbound)的行业和部门应重新评估并作出新的开放承诺,为数字化教育服务贸易的发展创造条件。此外,数字赋能下的教育服务在模式上的边界日益模糊,例如,在线课程可能同时存在模式 1 和模式 2 下的服务贸易。因此,相关服务贸易分类应根据服务的提供方式进行全新界定。二是与其他领域协同推进开放发展。数字化教育服务的开放需要加强同其他领域,特别是电信领域的协同。北京市商务局发布的《北京市关于促进数字贸易高质量发展的若干措施》就提出,争取教育、医疗等领域开放度进一步提升,与增值电信等领域开放有机结合,在数字贸易试验区内开展制度创新压力测试。[1]

8.5　加强"禁止当地存在要求"的教育服务适用性研究和推广

"禁止当地存在"(prohibition of local presence requirement)规则常被简称为"当地存在"(local presence),源于服务贸易协定对本地化措施的规制演进。CPTPP 第 10.6 条规定,当地存在是任何缔约方不得将另一缔约方的服务提供者在其境内维持企业代表处等任何形式的存在,或在其境内居住作为允许其跨境提供服务的条件。根据 WTO 按照提供方式进行的服务贸易数据统计(TISMOS),以跨境交付、境外消费和自然人流动三种跨境模式提供的服务约占国际服务贸易总额的 45％左右。取消当地存在要求不仅能够显著改进模式 1 所承诺的水平和

---

[1]　https://kw.beijing.gov.cn/art/2021/10/15/art_2388_14518.html.

基于互联网的跨境服务提供,而且在其他具有良好跨境提供潜力但长期缺乏进展的服务部门,如专业服务、卫生健康和教育服务等,也有利于促进这些领域的市场开放,以及通过模式 4 进行的服务提供。①

一般而言,当地存在规则适用于跨境交付、境外消费和自然人移动三种服务提供方式,"禁止设立或维持商业存在"是当地存在的核心内容之一。要求设立当地存在,其目的包括对提供者进行更好的监管、促进当地经济发展、带动就业,等等。这一点在教育、法律、电信、运输服务等部门较为常见。例如,本书前文提及,新冠疫情期间部分海外院校在中国推行大量低质量的在线教育项目,如果对这些教育服务提供者要求一定的当地存在,可以在一定程度上监管其跨境提供的教育服务。但对于中小微企业和自然人提供者而言,设立商业存在或居住类要求均会严重增加其运营负担,大大提高其合规成本,直接影响其跨境提供服务的能力和潜力,从而构成贸易壁垒。相应地,禁止当地存在要求是为了便利提供者通过跨境模式提供服务,对于促进跨境服务贸易的自由化具有重要意义。

首先,梳理教育服务当中涉及当地存在要求的规范,缩减其适用领域和范围;逐步放开包括外语语言学习等非学历培训在内的教育服务的跨境提供,同时施加一定的当地存在等要求。其次,强化教育服务监管能力。当地存在规则对服务业监管能力提出了挑战,因为不论从管辖权还是技术角度来看,均难以对未在中国设立当地存在的外国服务提供者跨境提供服务进行有效监管。为此,一方面,应当强化教育服务监管的多部门合作,可通过服务贸易发展部际联席会议制度和各自由贸易试验区的服务贸易发展联席会议加强对跨境服务贸易的统筹以及主管部门之间的信息交换和监管协作。另一方面,着力构建跨境教育服务监管机制,寻求国际监管合作,共同应对跨境服务贸易中的挑战。最后,鉴于中国已同意在与新西兰、澳大利亚等国的自由贸易协定升级谈判中引入负面清单,可择机在(跨境)服务贸易章节中采纳"禁止要求当地存在规则",将确定暂予保留的当地存在要求纳入负面清单。

---

① Stuart Harbinson and Aik Hoe Lim, "Trade in Services," in C. L. Lim, Deborah K. Elms and Patrick Low(eds.), *The Trans-Pacific Partnership: A Quest for Twenty-First Century Trade Agreement*, Cambridge: Cambridge University Press, 2012, p.140.

附表 1　《现代服务业统计分类》中的教育服务

代码			名　称	说　明	国民经济行业代码及名称(2017 年)
大类	中类	小类			
5			现代商贸服务业		
	055		专业化人力资源和培训服务		
		0553	高级技能培训	指对计算机、"互联网＋"、软件、先进制造业、装备制造业、现代信息技术等专业技术人员的培训、继续教育服务,以及职业技能培训活动	8336*中等职业学校教育 8391*职业技能培训
7			现代公共服务业		
	073		教育培训		
		0731	普通高等教育	指经教育行政部门批准,由国家、地方、社会举办的在完成高级中等教育基础上实施的获取学历的高等教育活动	8341 普通高等教育
		0732	成人高等教育	指经教育主管部门批准开办的成人高等教育活动	8342 成人高等教育

注:《现代服务业统计分类》分类所涉及国民经济行业分类的具体范围和说明,与《2017 国民经济行业分类注释》相一致,并建立了对应关系。国民经济行业分类中仅部分活动属于现代服务业的,行业代码用"＊"作出标记。

附表 2　《生活性服务业统计分类(2019)》中的教育服务统计

代码			名　称	说　明	国民经济行业代码及名称(2017 年)
大类	中类	小类			
10			教育培训服务		
	101		正规教育服务		
		1011	学前教育	指经教育行政部门批准举办的对学龄前幼儿进行保育和教育的活动	8310

代码			名 称	说 明	国民经济行业代码及名称(2017年)
大类	中类	小类			
		1012	初等教育	指《义务教育法》规定的小学教育以及成人小学教育(含扫盲)的活动,不包括体育教学活动	8321* 8322
		1013	中等教育	指普通初中教育、职业初中教育、成人初中教育、普通高中教育、成人高中教育以及中等职业学校教育;不包括由单位为员工出资提供的职业初中教育和中等职业教育	833*
		1014	高等教育	指普通高等教育和成人高等教育;不包括由单位为员工出资提供的高等职业教育	834*
		1015	特殊教育	指为残障儿童提供的特殊教育活动	8350
	102		培训服务		
		1021	体校及体育培训	指各类、各级体校培训,以及其他各类体育运动培训活动;不包括学校教育制度范围内的体育大学、学院、学校的体育专业教育	8392
		1022	文化艺术培训	指国家学校教育制度以外,由正规学校或社会各界办的文化艺术培训活动;不包括少年儿童的课外艺术辅导班	8393
		1023	美容美发培训	指由教育部门、劳动部门或其他政府部门批准举办,或由社会机构举办的美容美发培训	8391*
		1024	家政服务培训	指由教育部门、劳动部门或其他政府部门批准举办,或由社会机构举办的家政服务培训	8391*
		1025	养老看护培训	指由教育部门、劳动部门或其他政府部门批准举办,或由社会机构举办的养老看护培训	8391*

续表

大类	中类	小类	名　称	说　明	国民经济行业代码及名称(2017 年)
					代码
		1026	营销培训	指由教育部门、劳动部门或其他政府部门批准举办,或由社会机构举办的营销培训	8391*
		1027	餐饮服务培训	指由教育部门、劳动部门或其他政府部门批准举办,或由社会机构举办的餐饮服务培训	8391*
		1028	旅游服务培训	指由教育部门、劳动部门或其他政府部门批准举办,或由社会机构举办的旅游服务培训	8391*
		1029	其他培训服务	指由教育部门、劳动部门或其他政府部门批准举办,或由社会机构举办的其他培训服务	8391* 8394*
	103	1030	其他教育服务	指其他为居民提供的教育服务,包括学生课外辅导服务	8399*
05			体育服务		
	056		其他体育服务		
		0564	体育教育与培训	指专业体育院校的教学活动,高、中等院校的体育运动,体育经济、体育管理等专业的教学活动,各级各类学校的体育课程教学活动,各级各类学校的校园体育活动	8321* 8331* 8332* 8334* 8336* 8341*

注:"＊"含义同附表 1。

参 考 文 献

《国际教育服务贸易》专题研究组:《国际教育服务贸易的最新进展》,《教育发展研究》2002 年第 Z1 期,第 9—20 页。

陈爱娟、任晓燕、潘敏娟:《开放环境下的我国教育服务贸易发展对策》,《国际贸易问题》2004 年第 12 期,第 19—23 页。

陈飞宇:《我国与"一带一路"区域高等教育服务贸易问题研究》,《理论学刊》2018 年第 6 期,第 73—80 页。

陈文敬:《我国自由贸易区战略及未来发展探析》,《理论前沿》2008 年第 17 期,第 9—12 页。

陈咏梅:《美国 FTA 范式探略》,《现代法学》2012 年第 34 期,第 145—154 页。

陈越:《我国留学生教育服务贸易逆差研究》,《教育与经济》2016 年第 4 期,第 70—76 页。

崔凡、屠新泉、樊瑛:《论当代国际贸易理论的国际政治经济学意义》,《世界经济与政治》2010 年第 5 期,第 139—155、160 页。

崔凡:《国际高标准经贸规则的发展趋势与对接内容》,《人民论坛·学术前沿》2022 年第 1 期,第 72—78 页。

崔凡:《全球三大自由贸易港的发展经验及其启示》,《人民论坛·学术前沿》2019 年第 22 期,第 48—53、158 页。

董哲:《服务贸易商业存在 FTA 规制研究——以贸易投资规则融合为视角》,《上海对外经贸大学学报》2018 年第 5 期,第 5—16、26 页。

谷媛媛、邱斌:《来华留学教育与中国对外直接投资——基于"一带一路"沿线国家数据的实证研究》,《国际贸易问题》2017 年第 4 期,第 83—94 页。

顾明远、滕珺:《后疫情时代教育国际交流与合作的新挑战与新机遇》,《比较教育研究》2020 年第 9 期,第 3—7、13 页。

何穆彬:《入世后我国教育服务贸易发展研究》,天津财经大学 2013 年版。

胡罡:《发达国家教育服务贸易研究》,辽宁大学,2016 年。

胡玫、张娟、李计广:《中国跨境服务贸易负面清单推进路径分析》,《国际经济评论》2022 年第 6 期,第 102—126、127 页。

靳希斌:《国际教育服务贸易研究——规则解读与我国的承诺》,《北京师范大学学报(社会科学版)》2004 年第 1 期,第 14—19 页。

荆林波、袁平红:《中国加快实施自由贸易区战略研究》,《国际贸易》2013 年第 7 期,第 47—51 页。

李航敏:《中国高等教育服务贸易发展研究》,对外经济贸易大学,2014 年。

李立国:《构建人类命运共同体视野下的高等教育新秩序》,《探索与争鸣》2019 年第 9 期,第 18—21 页。

李立国:《后人均 GDP 1 万美元时代的中国高等教育体系》,《高等教育研究》2020 年第 9 期,第 4—17 页。

李立国:《教育思想史的地位与价值》,《清华大学教育研究》2013 年第 2 期,第 57—61 页。

李立国:《以人才培养结构优化助力高等教育强国建设》,《高等教育研究》2023 年第 3 期,第 8—15 页。

李墨丝:《区域服务贸易自由化的新趋向——基于 GATS 和 NAFTA 类型协定的比较》,《上海对外经贸大学学报》2015 年第 3 期,第 5—16、56 页。

李培鑫:《文化距离对中国高等教育服务贸易出口的影响研究》,首都经济贸易大学,2023 年。

李荣林等:《APEC 内部 FTA 的发展及其对 APEC 的影响》,天津大学出版社 2011 年版。

李巍、张玉环:《美国自贸区战略的逻辑——一种现实制度主义的解释》,《世界经济与政治》2015 年第 8 期,第 127—154、160 页。

李小牧、李嘉珊、刘霞:《我国对外文化贸易的发展变革与成就分析:2012—2021 年》,《国际贸易问题》2023 年第 6 期,第 52—67 页。

林桂军、任靓:《开放型经济视角下我国教育服务贸易发展战略研究》,《国际贸易》2014 年第 10 期,第 46—50 页。

林桂军:《国际服务贸易领域的一部创新性力作——评〈中国承接服务业国际转移的经济效应研究〉》,《经济与管理评论》2017 年第 2 期,第 161 页。

刘宝存、张继桥:《改革开放四十年教育对外开放政策变迁的历史考察》,《高校教育管理》2018 年第 6 期,第 1—13 页。

刘斌、甄洋、屠新泉:《逆全球化背景下中国 FTA 发展新趋势与战略选择》,《国际贸易》2018 年第 11 期,第 10—15 页。

刘常庆:《美国教育服务贸易发展态势述评》,《外国教育研究》2013 年第 6 期,第 112—120 页。

刘洪铎、陈晓珊、胡晓丹:《软实力因素在服务贸易出口中的作用:基于国家声誉的研究视角》,《国际贸易问题》2018 年第 6 期,第 82—93 页。

刘冷馨:《逆全球化下高等教育服务贸易发展的趋势与建议》,《宏观经济管理》2019 年第 6 期,第 77—83 页。

马忠法、王悦玥:《论 RCEP 知识产权条款与中国企业的应对》,《知识产权》2021 年第 12 期,第 88—113 页。

南京师范大学《教育学》编写组:《教育学》,人民教育出版社 1984 年版。

潘懋元:《新时代中国高等教育改革与发展:今天、明天与后天》,《高等教育研究》2020 年第 9 期,第 1—3 页。

秦冠英、刘芳静:《海湾地区跨境高等教育发展状况及对中国教育"走出去"的启示》,《中国高教研究》2019 年第 8 期,第 39—46 期。

秦冠英、苏丽锋、史薇:《"一带一路"沿线国家教育服务贸易发展研究》,对外经济贸易大学出版社 2019 年版。

秦冠英:《高等教育国际分校的治理形态研究——以海湾阿拉伯国家合作委员会六国为例》,《比较教育研究》2021 年第 8 期,第 104—112 页。

秦冠英:《基于自由贸易试验区的教育服务贸易发展策略研究》,格致出版社 2022 年版。

秦冠英:《中国式教育现代化进程中的教育对外开放:路径、挑战和展望》,《终身教育研究》2023 年第 1 期,第 26—32 页。

荣丽敏:《中美澳高等教育服务贸易比较研究》,东北师范大学,2020 年。

沈浩蓝:《从 TRIPs 到 RCEP:加入 WTO 以来中国参与和完善知识产权国际规则研究》,《广西社会科学》2022 年第 7 期,第 79—87 页。

沈厦润:《中韩高等教育服务贸易与经济增长》,对外经济贸易大学,2015 年。

盛斌、高疆:《数字贸易:一个分析框架》,《国际贸易问题》2021 年第 8 期,第 1—18 页。

石静霞:《中国加入 CPTPP 谈判中的服务贸易重点问题》,《中外法学》2023 年第 4 期,第 845—864 页。

孙霄兵:《加入 WTO 二十年来中国教育对外开放的发展》,《国家教育行政学院学报》2021 年第 1 期,第 31—39、50 页。

覃壮才:《中国教育服务贸易承诺减让表解读》,《比较教育研究》2002 年第 4 期,第 52—56 页。

覃壮才:《专业服务:教育服务贸易永恒的比较优势》,《比较教育研究》2003 年第 4 期,第 84—87 页。

屠新泉、杨丹宁、李思奇:《加入 WTO 20 年:中国与 WTO 互动关系的演进》,《改革》2020 年第 11 期,第 23—36 页。

屠新泉:《入世与我国高等教育服务业的发展》,《国际贸易问题》2001 年第 7 期,第 35—40 页。

王立勇、马光明、王桐:《中国教育服务贸易七十年:成就、经验与未来发展对策》,《国际贸易》2019 年第 11 期,第 4—11 页。

王绍媛:《国际服务贸易自由化理论与规则》,《大连理工大学出版社》,2008 年。

王哲:《〈服务贸易总协定〉框架下的高等教育国际化研究》,东北财经大学,2012 年。

文思君:《中国高等教育服务贸易出口趋势预测研究》,北京邮电大学,2022 年。

邬志辉:《WTO 教育服务贸易的主要规则解析》,《外国教育研究》2003 年第 3 期,第 29—34 页。

夏人青、张民选:《高等教育国际化:从政治影响到服务贸易》,《教育发展研究》2004 年第 2 期,第 23—27 页。

项贤明:《教育改革的根本目的是多出人才》,《创新人才教育》2022 年第 5 期,第 5 页。

项贤明:《教育学知识及其辨治》,《教育研究》2021 年第 2 期,第 45—55 页。

项贤明:《新中国 70 年教育观变革的回顾与反思》,《南京师大学报(社会科学版)》2019 年第 2 期,第 15—29 页。

项贤明:《在人工智能时代如何学为人师?》,《中国教育学刊》2019 年第 3 期,第 76—80 页。

项贤明:《作为科目、学科和科学的教育学》,《教育研究》2019 年第 9 期,第 44—55 页。

谢晓尧、陈贤凯:《知识的产权革命——知识产权立法的"中国奇迹"》,《法学评论》2010 年第 3 期,第 37—48 页。

徐娟、张梦潇:《我国教育服务贸易竞争力与"十四五"时期提升路径》,《国际贸易》2020 年第 11 期,第 85—96 页。

徐小洲、阚阅:《跨入新全球化——新时期我国教育对外开放的挑战与对策》,《教育研究》2021 年第 1 期,第 129—137 页。

许国彬:《充分利用 WTO 教育服务贸易大力推进高等教育国际化》,《国际经贸探索》2003 年第 2 期,第 66—69 页。

许忠明:《我国高等教育服务贸易国际竞争力实践与分析——评〈高等教育服务贸易理论与政策研究〉》,《国际贸易》2023 年第 4 期,第 98 页。

薛新龙、李立国:《高等教育与经济增长关系的国际实证研究进展分析》,《中国人民大学教育学刊》2018 年第 1 期,第 76—87 页。

阎光才、袁希:《对外开放与高等教育强国的关系内涵》,《比较教育研究》2010 年第 10 期,第 22—26、44 页。

燕凌、洪成文:《入世后的澳大利亚高等教育服务贸易》,《比较教育研究》2005 年第 2 期,第 86—90 页。

杨继军、艾玮炜:《区域贸易协定服务贸易条款深度对增加值贸易关联的影响》,《国际贸易问题》2021 年第 2 期,第 143—158 页。

杨丽琳:《对我国服务贸易统计制度设计质量的评价》,《国际贸易》2021 年第 1 期。

叶琳、王增涛、闫莹:《中国高等教育服务贸易竞争力:基于来源国市场占有率的结构性测量》,《高教探索》2021 年第 8 期,第 12—18、70 页。

俞培果、王大燕:《高等教育服务贸易有关问题的国际讨论及其启示》,《外国教育研究》2005 年第 10 期,第 20—24 页。

张国军:《我国境外消费教育服务贸易发展现状及对策》,《中国高教研究》2014 年第 1 期,第 18—23 页。

张汉林:《世贸组织成员教育服务贸易开放研究》,《国家高级教育行政学院学报》2002 年第 1 期,第 11—22 页。

张晓君:《"一带一路"战略下自由贸易区网络构建的挑战与对策》,《法学杂志》2016 年第 1 期,第 29—39 页。

钊阳:《对标高标准国际经贸规则路径研究》,对外经济贸易大学,2022 年。

周满生:《"教育跨境提供"研究——国际教育服务贸易的最新进展及相关政策解析》,《教育发展研究》2005 年第 5 期,第 28—31 页。

周满生:《国际教育服务贸易的新趋向及对策思考》,《教育研究》2003 年第 1 期,第 38—43 页。

邹晓东、程春子:《区域教育中枢:面向经济区域化的跨境高等教育新进展》,《高等教育研究》2018 年第 5 期,第 32—37 页。

Abu-Akeel, Aly K., 1999, "Definition of Trade in Services under the GATS: Legal Implications", *The George Washington Journal of International Law and Economics*, 32(2).

C. L. Lim, Deborah K., 2012, Elms and Patrick Low(eds.), *The Trans-Pacific Partnership: A Quest for Twenty-First Century Trade Agreement*, Cambridge: Cambridge University Press.

Cross-Border Education Research Team, C-BERT International Campus Listing[Data Originally Collected by Kevin Kinser and Jason E. Lane]. Available: http://cbert.org/resources-data/intl-campus/Albany, NY: Author.

J. Knight, Q. Liu, 2017, "Missing But Needed: Research on Transnational Education", *International Higher Education*, (88):15—16.

T. V. Semenova, L. M. Rudakova, 2016, "Barriers to Taking Massive Open Online Courses(MOOCs)", *Russian Education & Society*, 58(3):228—245.

图书在版编目(CIP)数据

基于自由贸易协定的教育服务贸易发展研究 / 秦冠英著. -- 上海 ：格致出版社 ：上海人民出版社，2024.
(自贸区研究系列). -- ISBN 978-7-5432-3584-7

Ⅰ. G52

中国国家版本馆 CIP 数据核字第 2024GX6659 号

责任编辑 李 月
封面设计 路 静

自贸区研究系列
基于自由贸易协定的教育服务贸易发展研究
秦冠英 著

出 版 格致出版社
上海人民出版社
(201101 上海市闵行区号景路 159 弄 C 座)
发 行 上海人民出版社发行中心
印 刷 上海颛辉印刷厂有限公司
开 本 720×1000 1/16
印 张 13
插 页 2
字 数 210,000
版 次 2024 年 8 月第 1 版
印 次 2024 年 8 月第 1 次印刷
ISBN 978 - 7 - 5432 - 3584 - 7/F · 1585
定 价 59.00 元